D1224818

ENTREPRENEUR
À L'ÉTAT **PUR**

Entrepreneur à l'état PUR
L'histoire du créateur de PUR Vodka,
l'une des vodkas les plus médaillées du monde!

Nicolas Duvernois

© 2015 Les Éditions Caractère inc.

Sources iconographiques

Couverture : Mathieu Lévesque
Illustrations : Christina Fayad

Révision linguistique : Cynthia Cloutier Marenger
Correction d'épreuves : Maryse Froment-Lebeau
Conception graphique et conception de la couverture : Christina Fayad
Mise en pages : Diane Marquette

Les Éditions
Transcontinental

5800, rue Saint-Denis, bureau 900
Montréal (Québec) H2S 3L5 Canada
Téléphone : 514 273-1066
Télécopieur : 514 276-0324 ou 1 800 814-0324
caractere@tc.tc

ISBN : 978-2-89743-087-0

Dépôt légal : 4ᵉ trimestre 2015
Bibliothèque et Archives nationales du Québec
Bibliothèque et Archives Canada

Imprimé au Canada
1 2 3 4 5 M 19 18 17 16 15

Nous reconnaissons l'aide financière du gouvernement du
Canada par l'entremise du Fonds du livre du Canada (FLC)
pour nos activités d'édition.

Gouvernement du Québec – Programme de crédit d'impôt pour
l'édition de livres – Gestion SODEC.

NICOLAS
DUVERNOIS

Préface de **Philippe de Gaspé Beaubien III**

ENTREPRENEUR
À L'ÉTAT **PUR**

L'histoire du créateur de PUR Vodka,
l'une des vodkas les plus médaillées du monde !

Les Éditions
Transcontinental   **les affaires**

À Karolyne et Victoria

TABLE DES MATIÈRES

PRÉFACE

Chaque grand rêve commence avec un rêveur.
N'oubliez jamais que vous avez en vous la force,
la patience et la passion de dépasser vos limites
pour changer le monde.

– Harriet Tubman

En tant qu'homme d'affaires, on m'a souvent demandé d'écrire la préface de livres à paraître. Or, j'ai toujours refusé de le faire jusqu'à maintenant. Vous vous demandez sans doute : pourquoi avoir accepté cette fois-ci ? Essentiellement parce que le parcours de Nicolas Duvernois, une véritable épopée, est une belle histoire d'entrepreneuriat. Ce n'est pas uniquement une histoire de réussite, c'en est aussi de passion et de persévérance, de laquelle nous avons beaucoup à tirer.

En effet, à mes yeux, la passion de Nicolas pour la vie et pour PUR Vodka est des plus inspirantes. Sans cette foi inébranlable qu'il a démontrée dès le début, il n'aurait pu surmonter les nombreux problèmes qui l'ont frappé tout au long de la mise sur pied de son entreprise ; des problèmes qui, pour 70 % des entrepreneurs, s'avèrent fatals. Mais pas pour Nicolas qui, chaque fois qu'un obstacle se présentait, en profitait pour apprendre et raffermir sa résolution : la marque d'un entrepreneur qui croit plus que tout en son rêve.

Et pour réussir, un entrepreneur doit savoir rêver, et rêver grand. Tandis qu'une personne foncièrement réaliste prend le monde tel qu'il est et s'y conforme, l'entrepreneur, lui, rêve d'un monde meilleur, et il change le monde en fonction de sa vision de l'avenir. Nicolas incarne parfaitement cette philosophie. Au début de son aventure, il partait littéralement de zéro : il n'avait aucune connaissance spécifique sur la vodka et il ignorait tout des lois encadrant la distribution et la vente d'alcool au Québec. Il savait cependant une chose : PUR Vodka serait un jour la meilleure vodka du monde. Il n'avait aucun doute là-dessus, et il changerait la réalité pour arriver à son but.

J'adore rencontrer des bâtisseurs qui ont survécu à maints écueils et en sont sortis meilleurs. Nicolas est tout cela, mais il représente également le parfait exemple de la nouvelle génération d'entrepreneurs qui fait présentement sa place au Québec ; une génération différente de la précédente, qui n'a pas froid aux yeux et s'appuie sur Internet et les nouvelles technologies pour se former. Une génération, aussi, qui cherche à créer un entrepreneuriat différent, axé entre autres sur des valeurs humaines et le respect de l'environnement.

À ce chapitre, ce livre m'apparaît comme un guide pour l'entrepreneur débutant du 21ᵉ siècle. Sa lecture aidera à coup sûr les individus qui cherchent à se lancer dans les affaires en les inspirant et en leur permettant de prévenir, du moins je l'espère, quelques-uns des problèmes que Nicolas a dû lui-même affronter. Ils y trouveront en plus de nombreuses propositions de changements à apporter au monde de l'entrepreneuriat actuel, des propositions pour créer un environnement plus encourageant pour les jeunes entrepreneurs et pour aider plus de bâtisseurs à réussir.

Le monde de l'entrepreneuriat est un monde fascinant et gratifiant, où chacun peut être son propre patron, repousser ses limites et façonner sa réalité, mais c'est aussi, disons-le franchement, un monde plein de pièges et d'écueils.

Puisse ce livre, grâce à ses leçons clés, vous donner les outils nécessaires pour les éviter et nourrir votre passion de façon à vous amener vers la réalisation de votre rêve.

Bonne lecture et bon parcours !

Philippe de Gaspé Beaubien III

INTRODUCTION

J'ai raté 9 000 tirs dans ma carrière. J'ai perdu presque 300 matchs. Vingt-six fois, on m'a fait confiance pour prendre le tir de la victoire, et j'ai raté. J'ai échoué encore et encore et encore dans ma vie. Et c'est pourquoi je réussis.

— Michael Jordan

Si, il y a quelques années, quelqu'un m'avait dit qu'un jour j'écrirais un livre sur le monde des affaires, je ne l'aurais jamais cru ! Écrire un livre, peut-être… mais sur le monde des affaires, jamais ! Il y a bientôt six ans que nous avons vendu la première bouteille de PUR Vodka. Six ans que j'ai réalisé ma première vente, que j'ai décidé de foncer sans plus regarder en arrière.

Écrire sur mon parcours et sur le thème de l'entrepreneuriat est pour moi une sorte de thérapie, une façon de me faire sourire quand je repense à toutes les années difficiles que j'ai vécues avant de voir la lumière au bout du tunnel. Même si j'avais su que le chemin qui mène à la réussite serait aussi ardu, j'aurais foncé... mais je ne pense pas que j'aurais persévéré aussi long-temps. Six ans, c'est long. Dans les films, les prisonniers comptent les années en jours. Six ans, c'est 2 190 jours ; plus de 52 000 heures ! Six ans, c'est le temps que nous avons mis, mon partenaire Christopher et moi, pour enfin recommencer à respirer !

Ce livre raconte une histoire comme il en existe des milliers, voire des dizaines de milliers. Sa seule particularité, c'est que cette histoire est la mienne, celle d'un jeune entrepreneur qui ne connaissait absolument rien d'un domaine, mais dans lequel il a tout fait pour devenir le meilleur.

À travers ces pages, je vous emmènerai dans les coulisses d'une entreprise en pleine croissance, dans les coulisses de l'entre-preneuriat. Trop souvent, nous lisons des histoires dans les-quelles tout est joué, où l'étape de l'échec au succès est chose du passé. J'ai décidé d'écrire ce livre avant qu'il soit trop tard, avant d'oublier les détails qui ont permis à mon entreprise de réussir et de faire sa place parmi les géants de l'industrie. Avant d'oublier les interminables nuits où je n'arrivais pas à dormir tellement j'étais stressé, les incalculables heures de travail ou les innombrables refus de toutes sortes avant d'obtenir un seul oui ! J'ai envie de partager avec vous mes joies, mes frustrations et ma passion avant que ces émotions s'estompent. Le temps nous fait oublier bien des choses ; je ne veux pas qu'il me fasse oublier ces moments qui nous ont permis, à mon partenaire Christopher et à moi, de vivre notre rêve entrepreneurial.

Vous trouverez également dans ce livre une multitude de réponses aux questions que nous nous posons tous en nous lançant en affaires. Des réponses à plusieurs questions que je me suis moi-même posées ou aux questions qu'on me pose régulièrement lors de mes conférences. Pour finir, je vous dévoilerai ma vision du monde de l'entrepreneuriat, qui, au fil du temps, est devenu pour moi une véritable passion.

Mon histoire n'est pas classique. Elle ne comporte ni kiosque de limonade, ni garage, ni sous-sol. Elle commence avec une première expérience d'affaires catastrophique et une dette de 25 000 $ contractée envers mes parents...

Bonne lecture !

PARTIE

....

....

TOUS LES
REFUS
MÈNENT À
PUR

....

CHAPITRE 1

LES PREMIERS PAS

Ce qui est le plus négligé dans nos écoles est justement
ce dont nous avons le plus besoin dans la vie.

– Herbert Spencer

C'est au cours de l'année scolaire de mes 15 ans que j'ai commencé à avoir des problèmes à l'école. Je m'ennuyais. Je ne voyais pas comment ce qu'on apprenait pourrait m'aider dans le futur. Les professeurs qui me parlaient de l'importance de la photosynthèse ou de la réaction chimique du cuivre ne m'intéressaient absolument pas. J'étais un élève rêveur et j'éprouvais de la difficulté à me concentrer. J'étais distrait par tout: un stylo qui tombe, quelqu'un qui marche dans le corridor, un oiseau qui se pose sur le bord de la fenêtre. Toutes les excuses étaient bonnes pour me déconcentrer. Dieu merci, il y avait le sport dans ma vie. L'obligation d'obtenir des notes minimales pour être autorisé à jouer au basketball m'amenait à me forcer un peu. À la fin de ma cinquième secondaire, c'est grâce à mes talents sportifs et non à la qualité de mes notes que j'ai été accepté au cégep Vanier dans le programme sports-études.

Dès le début de mes études collégiales, mes notes se sont mises à remonter. J'ai retrouvé de l'intérêt pour certaines matières. Je pouvais maintenant suivre des cours au choix, ce qui m'aidait grandement! J'étais très curieux, mais seulement des sujets qui m'intéressaient. J'adorais les cours d'histoire, de langue, de politique, de littérature canadienne et d'économie. Ma première année de cégep a été tout un changement. Je partais d'un collège privé suivant le système scolaire français et j'atterrissais dans un cégep public anglophone où j'étais non seulement l'un des rares francophones, mais également le seul joueur de l'équipe de basketball à être né hors des Caraïbes!

C'est pendant ma deuxième année de cégep que j'ai décidé de tout arrêter. Basket, basket, basket... C'était ça ma vie... basket! Une surdose? Une remise en question? Je l'ignore encore, mais ma vie tournait autour du basket depuis presque 10 ans, et je n'en pouvais plus. Je me sentais étouffer. Le basket était la seule définition que j'avais de moi-même. Je n'étais pas Nicolas, pas un étudiant du cégep, pas une personne « normale »; j'étais le grand à la tête rasée qui jouait au basket. L'annonce de ma « retraite » a causé une véritable commotion. Ça a été un choc. Tout un choc. Mes amis, ma famille, ma mère en particulier, tout le monde me voyait comme un joueur de basket à vie… et je les comprends : je ne faisais que ça. C'est à ce moment que j'ai décidé d'avoir une vie d'étudiant avec une *job* d'étudiant. J'ai eu la chance de rapidement trouver un emploi à l'hôpital Sainte-Justine comme préposé à l'entretien ménager, un emploi étudiant qui me faisait me sentir « normal » !

LA DÉCOUVERTE DE L'ENTREPRENEURIAT

Pourtant, j'avais beau avoir changé de vie, l'histoire se répétait… Un an plus tard, je me retrouvais dans la même situation que celle vécue pour être admis au cégep : je n'avais pas d'assez bonnes notes pour entrer à l'université mais, cette fois, mes talents au basket ne pouvaient pas m'aider. Ma moyenne était trop faible pour la majorité des domaines d'études… Il m'a fallu m'inscrire à une session « test » afin de la faire remonter. Ce que j'ai réussi haut la main.

Je tenais absolument à entrer en science politique. J'ai été élevé dans une famille où les discussions politiques étaient omniprésentes. Mon père a presque entièrement consacré sa carrière à la politique dans le sens noble du terme, soit en tentant de faire une différence positive dans la vie d'autrui. Pour moi, la science politique était un domaine d'études sous-estimé, un domaine qui, pourtant, est très prestigieux dans les grandes universités américaines ou européennes. Ces études me permettraient de toucher à tout : à l'histoire, à la géographie, à la sociologie, au droit, à l'économie... Bref, j'y acquerrais la capacité de mieux comprendre les enjeux et la réalité du monde dans lequel nous vivons.

C'est à l'université que j'ai découvert l'entrepreneuriat. Je savais que ça existait mais, dans ma tête, c'était plus un concept qu'une réalité. Mon père avait fondé avec succès une entreprise dans le milieu de l'édition quand j'étais très jeune, mais je n'avais jamais pensé que ça pouvait être une option de carrière, que c'était possible pour *moi*! Je lisais beaucoup sur différents sujets, et c'est après la lecture de plusieurs articles sur le monde des affaires que j'ai eu la piqûre, que j'ai découvert cette passion jusqu'alors enfouie au fond de moi. C'était comme si je venais de mettre au jour un monde de possibilités. De façon générale, je venais de découvrir que peut-être qu'un jour, je pourrais travailler... dans ma propre entreprise.

L'idée m'emballait. J'avais découvert une autre option que celle du chemin de carrière classique «formation scolaire, boulot»... et franchement, ça me faisait du bien! Je n'avais jamais été vraiment bon à suivre le parcours tel qu'on le connaît, et j'adorais la perspective de tracer mon propre chemin. Je me sentais libre. Libre de pouvoir faire ce dont j'avais envie, libre de créer, de rêver. J'avais envie de travailler pour une cause plus grande que n'importe quel emploi, pour un objectif bien défini, pour ma propre entreprise!

C'est à cette époque que mes premières idées d'entreprises m'ont envahi la tête! Je faisais des dizaines de plans d'affaires virtuels. Dès que j'avais une idée ou que je m'apercevais qu'on pouvait améliorer un produit ou un objet, je me mettais à penser à comment le faire, à comment financer le tout, à quel était le marché cible… J'avais tellement d'idées que certains jours, ça m'épuisait!

MES PREMIÈRES IDÉES

Je me rappelle avec précision ma première idée concrète : les cravates. J'avais porté une cravate à peine cinq fois dans ma vie, j'ignorais comment en faire les nœuds, mais peu importe! J'avais lu dans un article qu'un milliard d'hommes, en se levant le matin, enfilent une cravate. Ça valait la peine d'essayer. Le calcul était simple : si ces hommes portaient 3 ou 4 cravates différentes par semaine, ça équivalait en moyenne à 3,5 milliards de cravates portées hebdomadairement. Si les cravates Duvernois détenaient 0,5 % des parts de ce marché, ça représentait environ 17,5 millions de cravates. J'allais devenir le « Lacoste » des cravates; j'allais devenir riche! J'ai commencé à écrire mon plan d'affaires, à chercher quel type de tissu était idéal pour la confection, à suivre les tendances de la mode masculine… Bref, j'étais sérieux : je serais créateur de cravates.

À l'université, ma spécialité était de faire le quart de quatre projets au lieu d'en terminer un seul. Sans aucune raison, je sautais d'idée en idée, un peu comme les saisons changent. Parfois, je retravaillais un peu sur l'une; d'autres fois, le projet à peine entamé, j'arrêtais tout et passais à la suivante, sans raisons, sans explications. Je suivais simplement ce que je croyais bon de faire et changeais de projet dès que je dénichais une idée plus attrayante – ou que j'imaginais comme telle…

C'est ainsi que j'ai rapidement abandonné mon idée de cravates pour une meilleure. Ma nouvelle idée était de créer une compagnie aérienne à bas prix qui ne ferait que des liaisons Montréal-New York. Je ne comprenais pas – et ne le comprends d'ailleurs toujours pas – pourquoi le prix d'un aller-retour Montréal-New York et Montréal-Paris est presque le même... Paris étant 10 fois plus loin! C'était décidé, je voulais une compagnie aérienne. Contrairement aux cravates, toutefois, j'ai rapidement compris la complexité du projet en prenant conscience des coûts d'achat d'un avion! Comme on dit en anglais, « *on to the next* », passons au prochain projet!

Pendant ce temps, je vivais une vie typique d'étudiant : cinq cours par semaine, trois ou quatre quarts de travail et des fins de semaine plutôt festives. Ça a été une période agréable, un temps que je revisiterais sans aucune hésitation. Mes notes étaient loin d'être parfaites, mais elles étaient assez bonnes pour rassurer mes parents! Ils m'avaient toujours dit que l'important, pour eux, était que je finisse l'université et qu'ensuite, je fasse ce que je voulais. Ils tenaient à ce que j'aie un plan B le plus solide possible (mon diplôme universitaire) afin d'être paré aux éventuels écueils de la « vraie » vie. Bien que je n'aie jamais envisagé une minute d'arrêter l'école, je leur suis extrêmement reconnaissant de m'avoir soutenu jusqu'à l'obtention de mon diplôme universitaire.

L'ÉLÉMENT DÉCLENCHEUR

La dernière année de mon bac est arrivée très rapidement. Il me suffisait de réaliser un stage de fin d'études pour décrocher mon fameux diplôme. Plusieurs options étaient possibles, mais j'ai opté pour la radio de Radio-Canada. J'étais fasciné par les enjeux politiques et l'actualité, et je me disais que Radio-Canada était l'endroit idéal pour étancher ma soif de connaissances. J'ai commencé mon expérience radio-canadienne avec le titre de « stagiaire-analyste en politiques publiques » pour l'émission matinale *C'est bien meilleur le matin*, animée par René Homier-Roy. C'était un stage de trois mois qui débutait tôt : il fallait se présenter au studio à 4 h 30 le matin… heure particulièrement précoce pour un étudiant dans la vingtaine !

Après presque trois ans d'études sur des enjeux sociopolitiques, je me sentais prêt à analyser des sujets pour lesquels j'avais étudié tant d'années et à monter des dossiers étoffés sur eux.

Je me rappelle mon premier mandat de recherche. Sur une chemise portant mon nom se trouvait un *Post-it* jaune avec deux mots : « Isabelle Boulay ». Sur le coup, j'ai cru que ce *Post-it* ne m'était pas destiné, qu'il y avait erreur sur la personne. J'ai immédiatement averti ma supérieure. Ce n'était pas une erreur. Après trois ans d'études universitaires sur des sujets aussi complexes que la situation des réfugiés au Moyen-Orient ou les flux migratoires en Asie du Sud-Est, je me retrouvais à devoir monter un dossier sur Isabelle Boulay… la chanteuse ! Je n'ai rien contre Isabelle Boulay, j'aime bien ce qu'elle fait, mais je ne m'attendais pas, durant ce stage, à éplucher sa carrière afin de savoir combien de disques elle avait vendus et de combien de dates sa prochaine tournée serait faite.

Durant les trois mois qu'a duré mon stage, j'étais désespéré. Jamais je n'ai lu autant d'entrevues dans le *Paris Match*! Je devais toujours en savoir plus sur la vie des artistes reçus à l'émission. En gros, j'étais recherchiste *showbiz*; très loin de mes dossiers de recherche politique...

Pourtant, ce stage – pour lequel j'ai par ailleurs reçu une excellente note – a eu cela de positif que c'est grâce à lui, notamment, que j'ai pris la décision de me lancer en affaires. Je me suis juré de ne plus jamais travailler dans un domaine qui ne me passionnait pas. Fini, les recherches sur les acteurs, les chanteurs et tout ce qu'il y a entre les deux... Je voulais être mon propre patron. Je ne me voyais pas travailler des heures et des heures toute ma vie sans aucun intérêt pour ce que je faisais. Lorsque je travaillais pour quelqu'un d'autre, ou dans un domaine qui ne m'intéressait pas, je me sentais comme un lion en cage. Aucun espace de liberté, aucun mouvement possible. Je suffoquais.

Au printemps 2006, une fois mon diplôme de bac en poche, j'ai décidé de m'inscrire au diplôme d'études supérieures spécialisées (DESS) en gestion à HEC Montréal. Je me disais que tout homme d'affaires qui se respecte doit savoir de quoi il parle... et je n'avais eu aucun cours dans le domaine auparavant. Je voulais apprendre la base : lire des états financiers, monter un plan d'affaires, préparer un budget... bref, acquérir des connaissances dans le but de mettre toutes les chances de mon côté. Ce diplôme d'études supérieures était pour moi une occasion en or d'aller chercher les notions qui me manquaient en peu de temps. Mon élan a pourtant été stoppé brusquement. « REFUS ». Voilà la réponse à ma demande d'admission. Encore une fois, j'étais bloqué à cause de ma moyenne insuffisante. J'étais enragé, mais je ne pouvais rien y faire : une moyenne minimum devait être respectée et je ne l'avais pas… J'en étais assez loin, d'ailleurs !

LA DURE RÉALITÉ DU MARCHÉ

Un peu déprimé par la situation, sans aucune expérience de travail autre que celle de mon emploi étudiant de laveur de planchers, j'ai conclu que je devais d'abord trouver un emploi. Croyant qu'un bac en science politique valait plus au Parlement qu'ailleurs, j'ai pensé soumettre ma candidature aux députés alors en poste. J'ai envoyé 125 CV. Un par député, peu importe le parti. Quelques semaines plus tard, je n'avais toujours reçu aucune réponse. Il me semblait impossible qu'aucun des 125 députés n'ait besoin d'aide !

Entre-temps, j'avais accepté un remplacement à temps plein à l'hôpital afin de faire un peu d'argent. Le soir, en lavant les planchers, j'accumulais les idées d'entreprises dans ma tête. Je me suis mis à rêver d'une grande carrière en affaires. Je m'imaginais les rencontres, les transactions que j'aimerais faire.

Un beau matin, j'ai enfin reçu l'appel attendu : on voulait me rencontrer au bureau de circonscription d'Emmanuel Dubourg, député libéral provincial (aujourd'hui en poste à Ottawa).

Emmanuel Dubourg a été le seul des 125 députés d'alors à me recevoir. L'entrevue s'est bien passée. Après quelques jours de réflexion, il m'a rappelé pour m'offrir un poste d'assistant parlementaire. J'étais heureux jusqu'au moment où j'ai pris connaissance du salaire : à peine quelques dollars de plus par semaine que mon emploi de préposé à l'entretien. Un poste qu'on peut perdre à chaque élection, un horaire de jour, de soir et de nuit, des journées éternelles, des soupers spaghettis à profusion… tout ça pour un salaire de misère… « Ils sont fous ou quoi ! » me suis-je exclamé. Je ne cherchais pas un emploi à 100 000 $ par année, mais je n'avais pas étudié trois ans à l'université pour me retrouver près du seuil de la pauvreté !

Malgré l'espoir que j'avais placé dans cet emploi, j'ai décidé de refuser l'offre de M. Dubourg. Je me suis alors dit que, le jour où je quitterais mes planchers, ce serait pour quelque chose de vraiment mieux. Sinon, ça revenait à déplacer le mal de place !

CHAPITRE 2

FAUX DÉPART !

La plus grande gloire n'est pas de ne jamais tomber,
mais de se relever à chaque chute.

– Confucius

J'étais convaincu que ça serait un succès, un mégasuccès. Avec quelques bons amis, nous sortions toutes les fins de semaine depuis près de quatre ans. Il n'y avait pas un restaurant, pas un bar que nous ne connaissions pas. Nous les essayions tous. Nous adorions sortir, prendre un verre et parler de nos rêves et des objectifs que nous voulions atteindre. Nous pouvions passer des heures à discuter de tel ou tel projet. Pour moi, c'était simple : je voulais me lancer en affaires, je voulais avoir la possibilité de créer une entreprise de A à Z, de commencer un projet sur une feuille blanche et de rendre cette idée concrète.

C'est lors d'un voyage en France, où je suis allé visiter mon père, qui vit la moitié du temps là-bas, que j'ai eu l'IDÉE : pourquoi ne pas ouvrir un resto-bar ? Nous sortions tellement, nous connaissions toute la ville. Pourquoi irions-nous dépenser chez les autres quand nous pourrions faire dépenser les autres chez nous ! C'est à partir de cette constatation que tout a commencé. À Paris, j'étais allé prendre un verre au restaurant-bar Impala Lounge et j'avais adoré l'ambiance. La musique, les odeurs, le décor, les cocktails, bref, tout était bon et beau, et je désirais recréer cet univers à Montréal. Je voulais un lieu différent de partout ailleurs, un lieu où on laisse ses problèmes à la porte et où on profite de la vie sans se soucier de quoi que ce soit. Aucun endroit à Montréal ne me faisait décrocher totalement. Partout où nous sortions, je trouvais qu'il manquait un détail ou un autre, qu'un élément ne convenait pas. Parfois, c'était le volume de la musique qui était trop élevé, d'autres fois, c'était l'accueil qui était peu chaleureux... Je rêvais d'un endroit où il n'y aurait rien à redire, parfait à mes yeux !

J'étais excité d'avoir finalement trouvé mon idée. J'avais souvent lu que, pour certains entrepreneurs, dénicher LA bonne idée dans laquelle s'investir leur avait pris des années. Je n'y croyais pas nécessairement, car j'étais convaincu que les meilleures idées se créaient seules, à la suite d'une expérience de vie, d'une constatation ou d'une simple réflexion. Paradoxalement, malgré cette certitude, je craignais de devoir patienter longtemps ou d'en arriver à être à court d'inspiration ! Je ne m'étais jamais assis pour réfléchir à quel type de compagnie je pourrais fonder puisque des évidences me sautaient toujours aux yeux. Des cravates aux compagnies aériennes, c'était après la lecture d'articles sur le sujet que j'avais voulu me lancer dans ces aventures et, depuis l'université, je sautais d'un projet à l'autre sans réellement faire de progrès dans aucun.

Mais cette fois-ci, c'était différent. Je n'étais plus aux études. J'avais fini mon bac et la vraie vie devait commencer ! Comme je l'avais découvert pendant mon stage à Radio-Canada, je ne me voyais pas travailler pour quelqu'un d'autre, et l'option de me lancer en affaires était la seule que je contemplais depuis plusieurs années. J'ai rapidement discuté de mon projet avec deux de mes meilleurs amis. Comme moi, ils étaient emballés : j'avais trouvé deux partenaires d'affaires, suivis d'un troisième quelques semaines plus tard. Nous avons décidé de foncer… tête première. Nous avons trouvé le nom rapidement – Massaï Bistro Lounge – mais, après, nous ne savions absolument pas par où commencer. Même si, à quatre, nous cumulions à peine cinq minutes d'expérience dans le monde de la restauration, nous étions convaincus de réussir dans cet univers, et nous étions très motivés. Nous avions trop souvent mangé au restaurant, trop souvent pris des verres dans des bars pour ne pas savoir de quoi nous parlions ! Du moins, c'est ce que nous pensions…

LE RÊVE PREND FORME

Comme le veut la célèbre citation anglaise « *location, location, location* », qui insiste sur l'importance du lieu, notre première tâche a été de mettre tous nos efforts à trouver l'emplacement idéal pour ouvrir notre resto-bar. Cette tâche a été simple comparativement à celle, ardue, de trouver du financement pour tout construire. Nous ne nous étions pas facilité la vie... Nous avions décidé de bâtir un restaurant à partir de zéro dans un local de l'avenue du Parc. Un immense local rectangulaire qui n'avait absolument aucun potentiel sans de grands changements. Acheter un restaurant existant nous aurait grandement simplifié la tâche. Se faire accorder un prêt pour l'achat d'un commerce avec une clientèle établie est beaucoup plus facile que de construire un tout nouveau restaurant. C'était un projet de fou !

Même à quatre, nous avions peu d'argent – pour ne pas dire pas du tout... Il nous a fallu réunir tout ce que nous avions en banque et tous nous porter garants pour obtenir une marge de crédit suffisante pour entamer la construction. Plus les mois passaient, plus notre stress montait. Concevoir un restaurant de A à Z sans aucune expérience dans l'industrie n'était pas l'idée du siècle ! Le peu d'argent que nous avions disparaissait rapidement au fur et à mesure que la construction avançait. C'était éternel. Nous nous étions lancés dans un projet beaucoup trop complexe pour nos connaissances en gestion de projet. Mais plus rien ne pouvait nous arrêter. Il fallait ouvrir, et vite. Plus de quatre mois après le début des travaux, au début d'octobre 2006, nous recevions finalement nos premiers clients.

Même si le chemin pour y arriver avait été plus que sinueux, le résultat était magnifique. Nous étions propriétaires d'un superbe endroit. Il ne restait maintenant plus qu'à le remplir...

En affaires, on apprend rapidement qu'il existe quelques règles d'or à respecter. Certaines sont plus importantes ; d'autres sont essentielles à la survie même de l'entreprise. S'entourer de partenaires complémentaires fait partie de ces règles. Avoir un partenaire dont les forces sont nos faiblesses et vice versa est plus qu'important : c'est primordial ! Au resto, c'était flagrant : nous n'étions pas des partenaires complémentaires... nous étions des partenaires supplémentaires ! Nous faisions quatre fois la même connerie, quatre fois la même erreur. C'était pitoyable à quel point nous n'avions aucune idée de ce que nous faisions. Être quatre amis en affaires n'est déjà pas évident. Être quatre amis sans aucune expérience en affaires et ayant des opinions différentes sur tout et sur rien, c'est littéralement l'enfer ! Notre salle à manger avait beau être pleine certains soirs, nous ne nous entendions sur aucun sujet. Un vrai bordel. Chacun travaillait de son côté, et ça n'avançait tout simplement pas.

À LA DÉRIVE

Très rapidement, les problèmes sont survenus. Je voyais le bateau prendre l'eau. Nous n'avions tout simplement pas les connaissances du métier. Être restaurateur ne s'apprend pas en quelques semaines. C'est le projet d'une vie, où l'expérience, les essais, les erreurs, et bien d'autres facteurs, entrent en jeu. Comment savoir, sans jamais avoir travaillé dans un restaurant, que tout est question de coût de revient sur chaque aliment vendu, chaque verre de vin servi? Que le moindre des plus petits détails est d'une importance capitale? Comment savoir, sans aucune expérience, qu'une toute petite erreur lors du service annule la rentabilité de la soirée?

La restauration est une industrie très compétitive et sans pitié pour les amateurs. Nous ne pouvions tout simplement pas apprendre en quelques semaines ce qui prend des années à acquérir. J'étais loin d'être parfait, loin de tout savoir sur l'industrie, loin d'être le partenaire d'affaires idéal, mais une chose est sûre : je voulais réussir et j'y mettais toute mon énergie. Je voulais que le resto-bar soit un succès et j'étais prêt à tout pour atteindre mon objectif. Pourtant, j'avais beau essayer, essayer, essayer... rien à faire. Nous tournions en rond et foncions à vitesse grand V dans un mur de béton. C'était difficile, très difficile. Me lancer dans un tel projet, aussi jeune, aussi inexpérimenté, a été toute une expérience. Nous venions à peine d'ouvrir que nous sentions déjà la fermeture. Ça me faisait très mal de voir mon rêve s'éteindre tout doucement sans pouvoir faire quoi que ce soit.

Heureusement que Karolyne était là. On dit souvent que derrière tout grand homme se cache une grande femme. J'ignore si je suis un grand homme ou si je le serai un jour, mais je peux vous assurer que Karolyne est une grande femme. Je me souviens de notre première rencontre comme si c'était hier. J'étais un jeune célibataire de 25 ans sur le point d'ouvrir un resto-bar et elle, une jeune mannequin de Québec de tout juste 22 ans qui travaillait dans un des restos les plus branchés de Montréal. À peine trois semaines après notre première rencontre, nous étions en couple. Ça a été le coup de foudre. Je savais que j'avais trouvé la femme que je marierais, ma partenaire complémentaire. Dieu merci, elle était présente pendant cette difficile période de ma vie de jeune entrepreneur. Je travaillais comme un fou sans réels résultats. Je n'arrivais pas à contrôler le stress que cette situation m'occasionnait. Pour empirer le tout, les fournisseurs couraient après moi pour être payés et ma relation avec mes associés se dégradait quotidiennement. Je ne savais plus quoi faire. Certains jours, je me levais tellement stressé que j'avais envie de vomir. J'aurais voulu disparaître, m'enfuir de tous ces problèmes. Une chance que Karolyne était là. Sa simple présence me permettait d'oublier.

L'arrivée matinale au restaurant était difficile. Je me souviens que c'était le début de Facebook et qu'un de mes partenaires y était littéralement accro ! Il était sans cesse devant son écran d'ordinateur et ça me rendait fou. J'essayais de redresser la situation, mais il n'y avait rien à faire. J'avais beau effectuer des changements drastiques, comme engager un nouveau chef cuisinier, modifier la gestion des horaires, trouver des employés avec plus d'expérience, donner plus de contrôle au chef serveur, surveiller les moindres dépenses, renégocier avec les fournisseurs... c'était peine perdue.

LA *VRAIE* BONNE IDÉE

Durant cette période, une de mes tâches était de m'occuper des achats au bar et en cuisine. J'allais toutes les semaines à la SAQ récupérer notre commande. Chaque fois, le rituel était le même : j'achetais cinq ou six caisses de vin, quelques bouteilles de rhum, de téquila et de scotch... et une dizaine de caisses de vodka. Comme je consommais à cette époque beaucoup plus de vin et de rhum, je ne comprenais pas comment nous passions autant de vodka. L'idée d'un vol commis par un employé m'était même passée par la tête. Les semaines suivantes, j'ai commencé à surveiller notre débit de vodka afin de trouver des réponses à mes interrogations. Il m'a fallu peu de temps pour m'apercevoir que je m'étais trompé sur toute la ligne. Nous ne nous faisions aucunement voler : la vodka était tout simplement l'alcool le plus populaire chez nos clients. On la buvait en cocktail, en martini, sur glace, à la bouteille (pour certains !)... Bref, tout le monde en consommait.

D'aussi loin que je me souvienne, j'ai toujours préféré consommer des produits locaux plutôt que des produits importés. Premièrement pour la fraîcheur des aliments, mais aussi pour la grande qualité de beaucoup d'entre eux. Je me rappelle avoir découvert le « *made in Québec* » par les bières de microbrasserie, puis par les fromages. J'aimais l'idée de consommer des produits dont je connaissais les producteurs. Quoi de mieux que de parler à l'artisan de ce qu'on consomme ! Quoi de mieux que d'écouter un passionné nous parler de son fromage, de ses charcuteries, de sa bière comme s'il parlait du paradis !

Peut-être est-ce un héritage de mes origines françaises, mais le savoir-faire des artisans de la table m'a toujours attiré. De plus, l'entrepreneuriat local a toujours été important pour moi. Le fait d'encourager des entrepreneurs d'ici était pour moi une évidence. Vu la popularité et la quantité de vodka que je passais au restaurant, j'avais décidé d'acheter une vodka locale lors de mon prochain passage à la SAQ.

Ma surprise a été grande quand mon conseiller en vins m'a annoncé qu'aucune vodka sur les tablettes de la SAQ n'était produite au Québec. Je ne le croyais pas. Un spiritueux si populaire ? Un alcool relativement « facile » à faire ? Un produit sans appellation d'origine contrôlée, donc qui peut être fabriqué n'importe où sur la planète ? Comment ça, aucune vodka produite au Québec ? Je n'en revenais tout simplement pas. C'était comme si on m'apprenait qu'on ne produisait pas de vin en France, d'huile d'olive en Grèce ou de sirop d'érable au Québec. Je ne connaissais rien de la vodka, sauf ceci : meilleure est l'eau, meilleure est la vodka. Comment se faisait-il qu'au Québec, paradis de l'eau de source, terre promise de l'eau la plus pure du monde, personne n'ait pensé à produire une vodka ?

L'idée m'a traversé le corps comme un courant électrique, comme une apparition de la Sainte Vierge en plein milieu de la succursale de la SAQ ! J'allais produire la première vodka du Québec. J'étais fou de joie. J'avais FINALEMENT trouvé mon idée. Un sentiment d'extase m'a immédiatement envahi. J'étais tellement excité de commencer ! Mais avant de me lancer dans un projet sans avoir terminé celui en cours, comme je le faisais à l'université, je devais sauver mon bateau à la dérive, mon restaurant. Ça n'a pas été facile, mais j'y suis retourné pour donner une dernière chance à ce projet. Baisser les bras n'était pas une option, et je tenais absolument à tout essayer.

LA DERNIÈRE TENTATIVE

J'avais retrouvé l'énergie qui m'avait quitté depuis quelques mois. L'idée de produire la première vodka du Québec m'avait redonné espoir ; une raison de plus pour foncer. Je me suis mis à la table de travail pour régler les problèmes du restaurant, qui n'allait nulle part. Il fallait trouver une solution. Malgré nos différentes tentatives, rien ne semblait fonctionner pour repartir la machine. Nos graves problèmes financiers nous menaient tout droit vers l'échec. J'avais atteint le bout du rouleau. Je n'en pouvais plus de m'obstiner avec mes partenaires. Tout le monde se montrait mutuellement du doigt, et l'ambiance était à des années-lumière de celle que j'avais espérée. J'en avais assez. Il fallait se rendre à l'évidence : le restaurant était à l'agonie.

J'ai commencé à préparer un plan de rachat de mes partenaires avec notre meilleur serveur, François, et le chef du resto. M'entourer de personnes qui connaissaient le milieu me semblait la parfaite solution dans la situation dans laquelle j'étais. J'avais encore la passion de la restauration, de l'accueil des clients, des plaisirs et des arts de la table… Je n'étais tout simplement plus capable de travailler avec mes partenaires. Notre lien de confiance et d'amitié était brisé.

Mon plan de transition fini, j'étais à nouveau motivé. Je voyais le restaurant d'un autre œil. Je m'étais dit que je changerais de cap pour finalement travailler dans la bonne direction. J'y croyais tellement que j'étais prêt à offrir à mes partenaires 100 % du montant qu'ils avaient investi dans l'aventure. Selon mon plan, je me retrouvais avec de nouveaux partenaires qui savaient ce qu'ils faisaient, mais aussi avec plus de 200 000 $ de dettes accumulées depuis le début de l'aventure. Qu'à cela ne tienne, je tenais à être le seul capitaine à bord ou, pour emprunter la fameuse expression, qu'il n'y ait que deux mains sur le volant… les miennes.

Un beau matin, j'arrive au resto. Nous étions en décembre 2006, à peine quelques mois après l'ouverture officielle. Mes associés m'attendaient de pied ferme au bar. Ils avaient une feuille à la main, celle où j'avais fait mes calculs. En gros, elle portait des noms, des montants et des pourcentages. Je l'avais laissée la veille sur mon bureau. Mes partenaires étaient furieux, convaincus que je complotais un coup d'État, que je leur jouais dans le dos et que je voulais les sortir de l'aventure. J'avais mis sur papier une multitude de scénarios. Je ne voulais pas leur voler leurs parts ou les mettre dehors de leur propre restaurant ; je planifiais tout simplement un plan de match qui, selon moi, sauverait le restaurant. Il est vrai qu'il s'agissait d'une offre d'achat de leur participation au resto et qu'avant de leur en parler ou de la leur proposer, je la préparais – ce qui est tout à fait normal –, mais ils ne le voyaient pas de cet œil.

Nous sommes rapidement tombés dans une bataille d'égo et d'insultes de toutes sortes. Les uns en voulaient aux autres pour une multitude de raisons, et vice versa. Le genre de discussion qui ne mène nulle part et qui finit rarement bien. J'aurais aimé qu'ils réagissent aussi fortement dans le but de sauver le restaurant, mais ce n'était pas le cas. C'est à ce moment précis que j'ai décidé de partir. Ça ne servait plus à rien de nager contre la vague. Parfois, la meilleure décision est de lâcher prise et de contrôler son départ. Rien ne laissait présager cette décision. Oui, ça allait mal ; oui, je pensais à comment m'en sortir, mais abandonner mon bébé, mon premier projet, jamais. La veille, j'avais même convaincu ma mère de me prêter 7 000 $ afin de le déposer en garantie pour un nouveau four... Mon départ a été tellement rapide que je ne me rappelle même pas ce que je leur ai dit. Je crois que je suis tout simplement parti.

LE BATEAU COULE

Une minute, j'étais « restaurateur », l'autre, je me retrouvais à marcher rue Bernard à Outremont, bredouille. J'avais tout perdu : mon projet, l'argent que mes parents et ma sœur Magali m'avaient prêté et surtout... trois bons amis. Je suis parti sans rien, sans aucun souvenir, pas même une cuillère. Je me sentais si désorienté que ma tête tournait. J'imaginais comment j'annoncerais la nouvelle, ce qu'allaient penser les gens autour de moi, ma famille, mes amis... bref, tous ceux qui, à peine quelques mois plus tôt, étaient à l'ouverture officielle ! Rien ne laissait présager la tournure des événements...

J'ai rejoint Karolyne chez mes parents pour leur annoncer mon départ précipité du restaurant. Je me sentais mal, j'avais honte. Mes parents et ma sœur m'avaient tellement aidé dans ce projet. Pas seulement financièrement, mais moralement. Ils croyaient aussi fort que moi en mes rêves, et cette énergie me poussait à me dépasser. Je sortais avec Karo depuis à peine quelques mois et je ne voulais pas qu'elle pense que j'étais du genre à abandonner, ou que j'étais nul d'avoir subi un tel échec. J'avais tout essayé, mais il n'y avait rien à faire. Je n'avais plus le pouvoir de changer quoi que ce soit. Le restaurant était chose du passé.

Mes parents, ma sœur et Karo étaient dans le salon en train de discuter. Je suis entré dans la pièce, les yeux mouillés. Je n'en pouvais plus. Je craque rarement, mais là, c'était trop. Je me suis assis et leur ai tout simplement raconté ce qui venait de se passer. Ils connaissaient tous la situation au resto, mais je les gardais loin de mes problèmes quotidiens. Je m'attendais à me faire engueuler d'avoir laissé la situation s'envenimer à ce point, à me faire juger sur ma première performance en affaires, mais rien. Absolument rien. Unanimement, ils se sont exprimés en ma faveur. Ils avaient constaté que j'avais tout essayé et me faisaient confiance dans ma décision.

C'était comme perdre 25 livres en 30 secondes. Je partageais tout à coup la pression que je portais sur mes épaules. Je me sentais soutenu, et ça a été la meilleure des sensations dans la pire des situations ! Il fallait maintenant que j'officialise rapidement mon retrait du restaurant. Je m'étais retiré de la gestion, mais mon nom figurait encore sur les documents officiels, que ce soit à la banque ou chez les fournisseurs. J'étais encore responsable de ce bateau à la dérive, et il fallait que je bouge vite avant que mes partenaires fassent faillite. Je voulais éviter que mon nom soit associé à cet échec, surtout après tous les efforts que j'avais mis dans le restaurant. Oui, j'assumais la responsabilité de ce qui s'y était passé avant mon départ, mais pas après.

J'ai négocié avec mes partenaires un plan de rachat de ma participation. Nous avons convenu qu'ils me paieraient un montant de 25 000 $ et retireraient mon nom de tous les documents officiels. Finalement, je n'ai rien reçu de cette somme et j'ai dû lutter près d'un an afin de me départir de ma responsabilité envers les créanciers. Ça a été une année de misère. Pas une semaine ne se passait sans qu'un huissier prenne contact avec moi pour le paiement d'un fournisseur ou d'un compte. J'avais beau leur expliquer la situation, ils ne voulaient rien savoir; ils voulaient être payés! C'est à ce moment que j'ai dû emprunter une somme considérable à mes parents. C'était extrêmement difficile. Non seulement je ne faisais plus partie de l'aventure, mais on me courait après puisque j'étais le seul à prendre mes responsabilités et à répondre de mes actes.

Dieu merci, vers la fin de 2007, j'avais réussi à tout régler. J'ai accepté de payer de ma poche certaines dettes pour clore le dossier. Mes anciens partenaires, de leur côté, ont continué à chavirer pendant plusieurs mois. Je ne doute pas qu'ils aient tout tenté pour redresser la situation, surtout l'un d'entre eux, mais ce qui devait arriver arriva, et la mort du Massaï Bistro Lounge a été annoncée quelques mois plus tard.

CHAPITRE 3

COMBAT REVANCHE

Jamais, jamais, jamais. N'abandonnez jamais.

— Sir Winston Churchill

L'idée germait dans ma tête depuis quelques semaines déjà : produire la première vodka québécoise. Je sortais tout juste d'une première expérience catastrophique en affaires, mais j'avais la piqûre. Je voulais toujours être mon propre patron ; pas pour l'égo ou pour n'en faire qu'à ma tête, mais pour être celui qui fonce, celui qui prouve l'impossible, celui qui essaye, celui qui ose. J'avais tellement eu mal lors de ma première tentative en affaires que je croyais mériter une autre chance. Comme un boxeur pour un combat revanche, cette fois-ci, je me préparerais sérieusement et méthodiquement.

Quelques minutes à peine après avoir annoncé mon retrait du restaurant aux membres de ma famille, ils m'ont demandé ce que je comptais faire par la suite. La question était légitime. Que faire après cet échec? Rentrer dans le rang et trouver un emploi «normal»? M'apitoyer sur mon sort? Faire porter la faute à mes anciens partenaires? Jamais! Je n'étais pas fait pour ça. Je leur ai donc répondu que j'avais déjà une autre idée: produire la première vodka du Québec. Sans leur laisser la chance de me donner leur avis ou de faire des commentaires, j'ai commencé à leur exposer mon plan, à leur expliquer le marché, le manque flagrant de vodka produite localement, les tendances de consommation... Je craignais que, si je m'arrêtais de parler, ils me découragent. J'avais peur d'être jugé ou de me faire dire que j'étais fou. J'espérais seulement qu'ils croyaient encore en moi, en mes capacités de réussir. Après tout, ils auraient eu raison de douter. Les blessures de ma première expérience n'étaient même pas refermées que je voulais me lancer dans un nouveau combat, une nouvelle aventure.

Le silence qui a suivi mes explications a été terrifiant. Je ne savais pas comment l'interpréter. La première personne à parler a finalement été mon père. Il m'a dit qu'il trouvait que j'avais une bonne idée. Karolyne m'a ensuite demandé quel serait le nom de ma vodka. J'ai répondu: «PUR Vodka.» Elle s'appellerait ainsi en référence à l'importance de la pureté pour une vodka, non seulement quant au goût, mais aussi quant aux ingrédients utilisés lors de son élaboration. Je me suis senti soulagé par la confiance que ma famille me démontrait. Je n'étais pas surpris de leur confiance en moi, mais de leur confiance en ma nouvelle idée, oui. J'étais convaincu qu'on me déconseillerait ce nouvel essai, qu'on me demanderait de trouver un emploi moins risqué que celui d'entrepreneur... ce que j'aurais certainement compris... Pas accepté, mais compris. J'étais à nouveau gonflé à bloc. On était encore derrière moi. On croyait encore en mes idées. Quel soulagement!

LA RENAISSANCE

Je me rappelle comme si c'était hier les débuts de PUR Vodka. C'était quelques semaines avant Noël 2006. J'habitais avec Karolyne dans un 2 ½ au coin de Rosemont et De Chateaubriand. C'était petit, très petit, mais on ne le remarquait même pas. Pourtant, l'appartement était si exigu que, lorsque je tournais la tête à droite, je voyais Karolyne et que, lorsque je tournais la tête de l'autre côté, je la voyais encore! Nous étions ensemble depuis quelques mois, nous nous aimions à la folie (tout comme aujourd'hui, d'ailleurs) et nous avions des objectifs et des rêves plein la tête. Nous savions déjà que nous nous marierions, que nous vivrions toute notre vie ensemble. Nous discutions de mon expérience au resto, de mes bons coups et de mes erreurs, et c'est à ce moment-là que j'ai décidé de retourner travailler à l'hôpital. Je n'avais jamais démissionné de mon emploi; j'avais pris une année sabbatique afin de me concentrer à 100% sur mon projet de restaurant. Ça avait peut-être été une erreur, j'aurais peut-être dû garder un ou deux quarts de travail par semaine pour avoir un minimum de revenus. Après tout, l'hôpital me

donnait un sentiment de sécurité. J'avais eu peur de démission-
ner et, en définitive, j'avais bien fait puisque j'avais maintenant
besoin de mon emploi.

En effet, je me retrouvais avec absolument rien. C'était comme
repartir de la case départ. Oui, j'avais mon bac; oui, j'étais mer-
veilleusement bien entouré de ma famille et de Karo, mais je
n'avais aucune expérience de travail dans un «vrai» emploi,
absolument aucun argent en banque et mon crédit avait pris un
dur coup avec les multiples demandes d'ouverture de compte
auprès des fournisseurs du restaurant. Dieu merci, on m'avait
aidé à survivre durant ces quelques mois car, sans revenus, on ne
peut pas faire grand-chose!

Cette fois-ci, j'étais résolu à approcher le monde des affaires
sous un autre angle. Un peu comme un alpiniste choisit une
paroi de la montagne avant de la conquérir, je voulais essayer
une différente paroi de l'entrepreneuriat. Je savais qu'il n'y
avait pas qu'une seule manière de réussir. J'avais appris à la
dure, mais je sortais de mon expérience encore plus fort. J'avais
fait l'erreur de ne pas prévoir de plan B auquel me fier dans les
moments difficiles et je m'étais lancé en affaires dans une
industrie dont je ne connaissais absolument rien. J'avais compris: il me fallait faire autrement! Je devais d'abord élaborer ce
fameux plan B dont tout le monde parlait et qui manquait au
restaurant, ce plan qui permet de retomber sur ses pattes plutôt
que de tomber par terre en cas de chute. Je voulais avoir la
certitude que, même si ma nouvelle aventure ne fonctionnait
pas, j'aurais un minimum de revenus et, surtout, je voulais tout
savoir du domaine des vins et spiritueux avant de me lancer
dans l'arène.

J'ai donc décidé d'accepter un poste de soir à temps plein à l'hôpital Sainte-Justine. Je me disais que c'était l'emploi parfait pour pouvoir me concentrer sur le développement de mon entreprise le jour, que c'était le plan B idéal et que, de toute manière, ce n'était que pour quelques mois… Je me suis mis au travail. Je voulais tout apprendre, tout savoir sur l'univers de la vodka. Je croyais que, comme on se prépare avant de passer un examen ou de gagner un match, eh bien, je devais me préparer afin de réussir en affaires. Je voulais être imbattable. Malheureusement, il me manquait la base. Je n'avais jamais eu la chance de suivre un cours en entrepreneuriat – et ce n'était pas faute d'avoir essayé – et je ne savais pas trop par où commencer. On a beau avoir une idée, vouloir la concrétiser et travailler fort pour y arriver, quand on part sans plan précis, c'est assez difficile! J'y suis donc allé logiquement: je devais connaître la concurrence car, après tout, c'est contre elle que je me lançais.

Aujourd'hui, je ris en racontant cette histoire, mais c'est littéralement dans le moteur de recherche Google que tout a commencé! J'y ai inscrit les cinq lettres les plus importantes de ma vie d'entrepreneur: V-O-D-K-A. C'est en tapant le mot «vodka» que tout a pris forme. Immédiatement, je me suis retrouvé plongé dans un tout nouvel univers où il y avait tant à apprendre, tant à découvrir. Lors de ces recherches, j'ai découvert un monde qui m'était totalement inconnu. Que fallait-il pour produire de la vodka? Quelles étaient les étapes à suivre? Avais-je le droit de produire de la vodka au Québec? Bref, comme un explorateur qui arpente de nouveaux territoires, je découvrais tout. Chaque article, chaque lecture m'apprenait de nouvelles informations. C'était magique. Mais la vodka n'était pas le seul sujet sur lequel il fallait que je me renseigne. Mon expérience malheureuse en restauration m'avait au moins appris qu'il fallait que je me prépare autrement, avec un plan de match bien défini et en ne laissant aucun détail au hasard. En effectuant des recherches sur comment se lancer en affaires, j'avais finalement découvert par où commencer : le plan d'affaires. J'ai ainsi appris comment l'élaborer, les étapes à suivre, les pièges à éviter... Ça a été une année de renaissance. Je finalisais mon retrait du restaurant – avec tous les maux de tête que ça comportait –, je recommençais à avoir un semblant de vie normale en travaillant et en ayant un revenu et je mettais sur papier mon plan d'affaires. L'épopée du restaurant m'avait littéralement épuisé, autant physiquement que moralement, et c'était comme si je réapprenais à vivre. Je redécouvrais les plaisirs de la vie d'une personne moins stressée, comme ne pas recevoir d'appels d'huissiers ou ne pas se lever avec un mal de ventre perpétuel !

PETIT À PETIT

C'est pendant ces 12 mois que PUR Vodka a vraiment pris forme. Page après page, article après article, je lisais tout ce que je pouvais trouver sur le sujet. J'étais une véritable éponge, assoiffé d'en savoir toujours plus. Une véritable passion naissait chez moi. À l'hôpital, j'avais trouvé une certaine sérénité. Le soir, on lave surtout les bureaux, les espaces publics et les labos. J'adorais la tranquillité des lieux, manger avec les « vieux de la vieille » qui me racontaient leurs anecdotes. Travailler à l'hôpital me calmait.

Rapidement, je n'ai plus utilisé ma paye pour vivre, mais plutôt pour financer PUR Vodka. Après avoir en vain cogné à la porte de plusieurs banques afin de trouver du financement pour le démarrage de mon entreprise, j'ai vite compris que je devrais travailler plus longtemps que prévu à l'hôpital. Imaginez la réaction des banquiers en voyant un jeune homme de 25 ans diplômé en science politique, la tête rasée et portant des boucles d'oreille, sortant à peine d'une première expérience catastrophique en affaires et lavant les planchers le soir dans un hôpital, sans aucune expérience dans le domaine, bref, imaginez ce jeune homme entrer dans leur bureau dans le but de demander un prêt pour produire de la vodka! Aujourd'hui, j'en ris mais, croyez-moi, je ne riais pas lors de ces rencontres. Je les voyais patauger en cherchant des excuses inventées de toutes pièces. Ils ne pouvaient faire autrement que de me rencontrer, mais leur décision était souvent déjà prise. Certains ne me laissaient même pas finir ma présentation avant de me dire non; d'autres me disaient que leur banque n'acceptait pas d'ouvrir des comptes dans certaines industries telles que l'alcool, le tabac, les armes à feu... D'autres encore me demandaient tellement de garanties qu'il était tout simplement impossible de les réunir! Rencontre après rencontre, je sentais l'inévitable, mais je m'essayais quand même. Je n'avais absolument rien à perdre et me disais que, peut-être, un de ces banquiers verrait en moi, et surtout en mon idée, un futur succès. Cependant, après plus d'une dizaine de rencontres, j'avais le dos au mur; une option s'imposait: l'autofinancement. Mon salaire devenait l'unique source de financement de PUR Vodka. Autant dire que je ne manquais pas souvent de quarts de travail! Je courais après chaque sou que je pouvais ramasser afin d'avancer le plus rapidement possible.

Tout coûtait cher. Dès le début, j'étais résolu à bâtir une entreprise qui un jour serait une multinationale, avec une base solide comme le roc. Je voulais être pris au sérieux, et être pris au sérieux coûte cher... surtout en l'absence de revenus. Déposer une demande d'enregistrement de marque de commerce, concevoir la structure légale de l'entreprise ou faire faire ses états financiers par un cabinet de comptables renommé coûtaient une fortune. Comme je devais tout financer, je n'avançais pas très rapidement, surtout au salaire que je gagnais! Malgré tout, j'avançais. Petit à petit, le projet prenait forme. J'étais si fier: je commençais à bien connaître l'industrie et j'étais convaincu que j'avais LA bonne idée. À ce moment, cependant, je n'en parlais pas trop. Je gardais ce projet secret.

UN DÉTOUR SUR LA ROUTE

Au début de l'automne 2007, Marie-Ève, une amie avec qui j'avais étudié à l'université, m'a appelé pour me prévenir que son employeur cherchait un candidat pour pourvoir un poste. Elle savait que je cherchais une façon de sortir de l'hôpital et d'avoir un emploi plus payant qui me permettrait d'avancer plus vite dans le développement de mon entreprise. C'est pourquoi elle avait tout de suite pensé à moi. Il s'agissait d'un emploi comme représentant de matériel de bureau. D'après la description de tâches, elle était convaincue que j'étais le candidat idéal. L'emploi était sur la route, ce qui me semblait plus motivant, et surtout plus payant. Après un an à temps plein à laver des planchers et à vider des poubelles, j'avais, selon moi, fait le tour du jardin. J'avais besoin de nouveauté, et cette occasion semblait tomber à point dans ma vie.

L'entrevue s'est très bien passée, et j'ai obtenu le poste. Les premières semaines étaient surtout de la formation. J'avais hâte de commencer la vente sur la route. J'étais très enthousiaste : une nouvelle expérience, un vent de fraîcheur, bref, du nouveau. L'idée d'être sur la route, sans personne qui épie mes moindres gestes, coincé dans un cubicule, m'attirait particulièrement. La tâche ne semblait pas trop difficile. Vendre des fournitures de bureau, quoi de plus simple ?

Ça a été la CATASTROPHE ! Avec le restaurant, j'avais mis quelques mois avant d'abdiquer. Cette expérience a été plus expéditive ! Après seulement quelques jours sur la route, je me suis aperçu que ce n'était pas du tout un emploi pour moi. Oui, la paye était meilleure, oui, l'horaire était plus flexible mais, franchement, je n'étais pas du tout le candidat idéal ! Je n'avais pas les aptitudes requises. Dieu merci, je n'avais toujours pas lâché l'hôpital. À peine quelques semaines plus tard, j'étais de retour à mes premières amours... les fameux planchers ! Cet emploi de représentant m'avait tout de même permis de découvrir, ou de confirmer, certaines facettes de ma personnalité. Entre autres, j'ai compris pour de bon que j'avais impérativement besoin d'être passionné par ce que je faisais pour réussir.

La passion ne s'apprend pas, ne s'achète pas, ne se construit pas. On la découvre, on la rencontre quand on ne s'y attend pas. J'éprouvais beaucoup de difficulté à cogner aux portes afin de vendre des stylos bleus, des agrafes et du papier parce que les fournitures de bureau ne m'intéressaient tout simplement pas. Je n'arrivais pas à faire semblant. Je m'ennuyais mortellement. Les journées étaient éternelles. De porte en porte, d'appel en appel, je passais la journée à me demander ce que je faisais là. En plus, j'étais gêné. Peut-être était-ce ma personnalité ou la non-motivation envers ce que je vendais, mais je sentais que j'étais la dernière personne qu'on voulait voir quand j'entrais dans un bureau! Malgré tout, j'endurais, je «faisais mon temps», presque comme en prison! La paye était meilleure qu'à l'hôpital, mais j'y avais tout de même gardé quelques quarts de travail afin d'amasser de l'argent plus rapidement. J'en avais grandement besoin: développer PUR Vodka devenait de plus en plus cher. Heureusement, je n'ai pas eu à endurer mon emploi de représentant bien longtemps. Quelques mois plus tard, j'ai été renvoyé. Le vice-président de la compagnie m'a laissé partir en me disant que j'étais «une Porsche qui roulait comme une Toyota»! J'aurais pu aller à 100 à l'heure... mais il me manquait la passion pour ce que je faisais. Il avait raison.

De retour à mes planchers, j'ai entamé la deuxième phase de la fondation de PUR Vodka, la première ayant consisté à découvrir l'industrie et à amasser le plus d'information possible afin de rédiger le meilleur des plans d'affaires. Avec cette première phase venait aussi la tâche de goûter à tout ce qui se faisait. Certaines vodkas étaient très agréables à boire; d'autres, tout simplement catastrophiques. Je devais développer mon goût; je n'étais pas un buveur de vodka, et je devais le devenir. Il fallait que je puisse faire la différence entre les vodkas, découvrir leurs nuances. Surtout, je devais découvrir sur quel type de vodka je voulais travailler. À base de pomme de terre? De céréales? Plus aromatique? Mon plan d'affaires étant presque terminé, j'avais une idée claire, nette et précise d'où je voulais aller et de vers où je me dirigeais. Je savais que je désirais développer un produit de très haute qualité. Une vodka qui serait bonne à déguster seule, avant même de la mélanger à un cocktail. Une vodka si douce et soyeuse qu'elle mériterait son nom : PUR Vodka. Une vodka qui plairait aux amoureux des arts de la table, aux épicuriens qui aiment bien manger, bien boire, recevoir des amis chez eux et profiter même des plus infimes instants de plaisir de la vie. Je voulais développer une vodka ayant un caractère, une histoire, une vraie vie, pas seulement un liquide. Cependant, après près d'un an et demi de travail solitaire, je commençais à trouver le temps long. Les investissements étaient de plus en plus gros et j'épuisais mes payes des semaines à l'avance. Le moins qu'on puisse dire, c'est que ce n'était pas encore mon heure de gloire.

BESOIN D'UN COUP DE POUCE

L'heure était à la réflexion. Je commençais à être fatigué mentalement. J'étais plus motivé que jamais – je voulais plus que tout créer ma propre vodka –, mais je trouvais que la vie avançait autour de moi, alors que moi, je faisais du surplace. À 26 ans, oui, j'avais un diplôme universitaire en poche, mais je me retrouvais préposé à l'entretien de soir dans un hôpital. Mes amis, eux, vivaient leur vie. C'était l'époque des premières maisons, des mariages, des premières belles voitures, même des premiers bébés pour certains. Moi, je vivais l'une des périodes les plus difficiles de ma jeune vie. Depuis quelques mois, c'était Karolyne qui payait le loyer, et mes parents et ma sœur me soutenaient de leur mieux. Les parents de Karo me donnaient également un coup de main quand ils le pouvaient.

J'avais un objectif en tête, et une seule conviction, celle de réussir, mais je dois avouer que, certains soirs, à l'hôpital, j'ai eu des doutes. Je me demandais si j'avais fait le bon choix, si je ne ferais pas mieux de trouver un emploi « normal » et d'éviter de faire vivre tout ce stress à mes proches. En général, ces pensées ne duraient qu'un instant. Je me motivais à nouveau dès qu'elles arrivaient. Je ne pouvais pas me laisser aller à douter trop longtemps. J'avais une compagnie à bâtir, des objectifs à atteindre, des rêves à réaliser! Je ne voulais certainement pas être celui qui abandonne, qui baisse les bras. Mes parents ne m'avaient pas élevé comme ça. De toute façon, j'étais déjà trop avancé dans mon projet, je ne pouvais plus regarder en arrière, je croyais trop fort en mon idée pour qu'elle ne se réalise pas, je travaillais trop fort pour ne pas voir de résultats. J'avais investi des mois et des mois de ma vie afin de me préparer différemment de ce que j'avais fait avec le restaurant. Je ne comptais plus les heures de travail et de recherche investies dans le but de créer un plan d'affaires de première classe. J'avais également investi une somme considérable, considérant mes moyens limités, afin de faire incorporer l'entreprise, de protéger mon nom au registre des marques de commerce, de payer des graphistes pour développer mon image de marque, et j'en passe. Je ne pouvais tout simplement pas abandonner.

J'avais pris seul la décision de me lancer en affaires, mais je n'étais malheureusement pas le seul à en vivre les conséquences. Je vivais l'entrepreneuriat de l'intérieur, j'étais en plein cœur du cyclone. J'étais prêt, c'était ce que je voulais, mais je faisais des victimes collatérales qui n'avaient rien demandé de tout ça. On n'y pense pas toujours quand on se lance en affaires, mais la famille et les proches vivent aussi l'aventure. Ils ne sont peut-être pas au courant de tout ce qui se passe, de chaque détail du quotidien, mais ils ressentent le stress, la pression, la fatigue, l'humeur changeante... Ils vivent les mêmes émotions, mais de l'extérieur. C'est ce que j'ai trouvé le plus difficile. Que je ressente du stress, que je ne dorme pas, que je me rende malade à tenter de réussir, c'était une chose, car *je* voulais me lancer en affaires ; que Karolyne ou ma famille le vivent aussi, c'était tout autre chose. Je remercie le ciel qu'ils ne m'aient jamais reproché quoi que ce soit et qu'ils m'aient laissé vivre ma passion pour l'entrepreneuriat.

CHRISTOPHER SE JOINT À L'AVENTURE

N'empêche que c'est à cette étape de ma réflexion que je me suis mis à la recherche d'un partenaire. J'avais pris beaucoup de temps pour y réfléchir et j'avais envie, pour ne pas dire besoin, de partager ce que je vivais avec un partenaire d'affaires, un partenaire complémentaire à moi. Je ne pouvais plus continuer seul : mes journées devenaient de plus en plus longues, et le travail, de plus en plus important. Ma décision prise, un nom s'est rapidement imposé à mon esprit : Christopher Lecky. Il représentait selon moi mon partenaire complémentaire idéal. Il était anglophone, moi, francophone. Il avait étudié en administration des affaires, moi, non. Il était du type discret et moi, plus volubile. Bref, je pensais avoir trouvé la perle rare... sans trop l'avoir cherchée ! J'avais connu Christopher lors d'une soirée à mon restaurant. En fait, il était rapidement devenu notre meilleur client. Il m'était très sympathique et me semblait une personne avec qui je pourrais partager mon rêve, ma compagnie. De plus, il avait une certaine expérience en affaires puisqu'il possédait à l'époque un centre de soins de la peau à Montréal.

Même si je croyais fermement avoir trouvé le bon partenaire, en faire mon associé a été une décision difficile à prendre. Je travaillais au projet de PUR Vodka depuis presque deux ans et j'avais pris l'habitude de tout faire seul en me confiant uniquement à mes proches. Lorsque vient le temps de s'ouvrir à une autre personne, de s'associer à un partenaire et d'accepter de partager tout ce qu'on a construit, une sorte de deuil survient. C'était pourtant pour une excellente cause: celle de former une équipe pour être plus fort et avancer plus vite. J'ai donc demandé à Christopher de le rencontrer et, avant peu, il avait accepté de se joindre à moi! Notre partenariat s'est dessiné presque naturellement. En discutant, nous avons rapidement vu que nous étions complémentaires. Nos personnalités ont défini nos tâches: je m'occuperais du développement de produit, de l'image de marque et de la conception et Christopher s'assurerait de la production et des détails entourant celle-ci.

C'était en août 2008, et PUR Vodka passait à la vitesse supérieure. Le moment était excellent. Le plan d'affaires était terminé, l'image de marque l'était presque aussi. Nous en étions à l'étape du développement de la vodka elle-même. Nous étions prêts à nous attaquer au liquide! L'entreprise prenait de plus en plus forme, les frais de développement augmentaient. Heureusement, nous étions maintenant deux dans l'aventure!

CHAPITRE 4

MILLÉSIME 2009

Très souvent, c'est quand nous croyons essuyer un échec que nous remportons notre plus grande victoire.

– Françoise Gourdon

Avec le recul, je peux dire sans me tromper que 2009 a été l'année la plus importante de la jeune histoire de PUR Vodka. Même si ça a été une année en montagnes russes pendant laquelle nous avons littéralement vécu toutes les émotions possibles et imaginables et où nous n'avons même pas vendu une seule bouteille, elle a changé notre vie à tout jamais.

Sur papier, le produit était terminé. Il ne nous restait qu'un léger détail à développer : la vodka elle-même ! Pendant les dernières années, nous avions mis tous nos efforts à concevoir l'extérieur du produit. Du plan d'affaires à la structure de l'entreprise et du choix de la bouteille à l'élaboration de l'image de marque, tout était terminé. Maintenant, il fallait s'attaquer à l'intérieur, au plus important et plus difficile à développer. Il y avait quelques points auxquels je tenais absolument à cette étape. D'abord, je voulais que le produit soit d'une qualité exceptionnelle, caractéristique délicate à définir du fait que tous les goûts sont dans la nature. Je voulais aussi absolument développer une vodka faite d'ingrédients locaux. Je tenais à mettre de l'avant la qualité du terroir québécois. La première exigence était beaucoup plus complexe que la seconde : trouver de bons ingrédients naturels au Québec est assez simple – la nature y est extrêmement généreuse –; les transformer et les travailler afin d'en faire un produit de grande qualité est plus ardu.

J'avais également le souhait de produire une vodka de grain à partir de maïs. J'avais lu dans un article qu'un maître brasseur utilisait du maïs afin d'adoucir sa bière et je me disais que le concept devait forcément être le même dans la distillation. Trop souvent, lors de nos nombreuses dégustations, je trouvais que les vodkas étaient « rudes », qu'elles laissaient une désagréable sensation d'alcool. Je voulais développer une vodka de qualité, pas de l'alcool à friction ! La loi exigeait un pourcentage d'alcool de 40 %, mais il devait certainement y avoir une manière d'adoucir la vodka... Selon moi, la réponse se trouvait dans le maïs. Nous devions aussi trouver l'eau parfaite. Après tout, PUR Vodka avait été fondée en grande partie avec l'idée que le Québec avait la meilleure eau du monde et que, par conséquent, nous pourrions produire la meilleure vodka du monde! J'étais convaincu que la tâche serait simple. Trouver de la bonne eau au Québec serait un jeu d'enfant...

J'avais commencé la recherche de cette fameuse eau de source parfaite à l'été 2007. Depuis déjà plus d'un an, donc, je naviguais sur le Web afin de récolter le plus d'information possible sur les différents types d'eau et de sources du Québec. Je m'étais promis que, même si le Québec compte des centaines de sources d'eau, je trouverais celle qui ferait la différence, qui sortirait du lot. Un point était clair pour moi : il nous fallait absolument une source résurgente, c'est-à-dire où l'eau sort de terre naturellement, et non une source où l'eau doit être pompée du sol, ce qui est néfaste pour l'environnement. C'est seulement au début de l'année 2009 que nous avons trouvé la source voulue. Une eau d'une si grande pureté que nous pensions les résultats d'analyse truqués. Une eau si naturelle et cristalline que nous avions de la difficulté à y croire. Après près de deux ans de recherche, nous avions finalement nos ingrédients. Nous étions prêts pour les tests.

LA PREMIÈRE GORGÉE DE PUR VODKA

Ni Christopher ni moi n'avions aucune idée de comment produire de la vodka. Oui, nous le savions sur papier mais, comme pour bien des choses, il existe une immense différence entre la théorie et la réalité. Nous avions beau avoir déterminé avec quel type de maïs nous voulions élaborer notre eau de vie, ou avoir découvert l'une des eaux naturelles les plus pures du monde, nous ne savions pas par où commencer! Encore une fois, c'est grâce à Google que nous avons trouvé la solution. À force de recherche et de lecture de revues spécialisées, nous étions certains d'avoir trouvé l'homme de la situation, celui qui allait nous aider à développer nos premiers échantillons de vodka. Plus nous lisions sur lui, plus nous découvrions un pionnier et une référence dans le milieu de la microdistillerie, une industrie qui en était – et est toujours – à ses balbutiements au Québec, et même dans le reste du Canada. Pourtant, pendant des décennies, le pays a été reconnu comme producteur d'excellents spiritueux. Comment ne pas penser à la famille Bronfman, qui possédait l'une des plus grandes entreprises de spiritueux du monde, Seagram, ou aux produits mondialement reconnus tels que les whiskys Canadian Club ou Crown Royal?

Notre première rencontre avec le maître distillateur s'est très bien passée. Après nous avoir posé quelques questions, il a accepté de produire des échantillons de vodka. Nous lui avons donc donné carte blanche quant au processus de création; tout ce nous voulions était que la vodka soit excellente et qu'elle goûte la pureté! L'incompréhension est alors apparue dans les yeux du maître distillateur. Il m'a demandé ce que goûtait la pureté. Je lui ai répondu que je voulais une vodka qui se buvait comme de l'eau. Une vodka si douce qu'on ne serait pas obligé de la mélanger avec autre chose pour la boire, comme un bon cognac ou un bon scotch. Le défi était assez grand – comment faire en sorte qu'un spiritueux à 40% d'alcool ne brûle pas, ne soit pas trop rude? –, mais il a décidé d'essayer de le relever.

Quelques mois ont passé avant que je reçoive un appel de sa part. Je m'apprêtais à partir travailler à l'hôpital. Ça faisait près de quatre ans que j'y travaillais à temps plein. Je commençais sérieusement à trouver le temps long. J'avais hâte que tout se développe, de pouvoir vivre de ma passion et d'arrêter de vivre une double vie d'entrepreneur et de préposé à l'entretien. Le maître distillateur avait une bonne nouvelle : des échantillons étaient prêts à goûter. J'étais extrêmement content : enfin, du concret, enfin, le temps de déguster ! Après presque quatre ans de recherche et développement, j'étais à 24 h de goûter à de la PUR Vodka pour la première fois... Du moins, j'espérais qu'un des échantillons fasse l'unanimité et que nous soyons satisfaits du résultat.

Le lendemain, Christopher, Karolyne, moi-même et notre avocat (c'était la personne que je connaissais qui buvait le plus de vodka !) étions attendus chez le maître distillateur afin de goûter les différentes recettes. Nous étions tous fébriles. En entrant dans la salle de dégustation, nous avons compté 26 échantillons. La première idée qui m'est venue en tête était que, si sur les 26 échantillons nous ne trouvions pas notre recette, je serais vraiment déprimé... Une certaine peur s'est installée. Nous ne pouvions plus attendre longtemps : il nous fallait commencer à vendre, à récolter des revenus. Nous approchions de la fin de nos ressources.

Nous avons goûté les échantillons un après l'autre. Le premier, le deuxième, le troisième... Au quinzième, nous n'avions toujours rien aimé. Aucun coup de cœur. Plus je goûtais, plus je stressais. Je n'arrivais plus à croire qu'un échantillon nous plairait. Nous étions vers la fin de la séance et il ne restait que trois échantillons. Je m'en souviens comme si c'était hier – d'ailleurs, en écrivant ces lignes, j'en ai encore des frissons : après le vingt-quatrième échantillon, un silence complet s'est installé dans la salle. Il y avait longtemps que j'avais ressenti ce sentiment. La sensation que quelque chose d'important est en train de se passer. Une sorte de prémonition. Autour de la table, nous étions unanimes : cet échantillon était tout simplement parfait, en un mot, pur. Cette vodka était celle qu'il nous fallait. Nous étions tellement satisfaits, tellement heureux. Nous avions finalement trouvé le bonheur. Nous avions notre recette.

En rentrant à Montréal, nous flottions sur un nuage : nous avions enfin un produit ! Nous nous retrouvions à l'ultime étape, celle de la production de notre première commande. Notre sensation du devoir accompli était immense. Nous avions les larmes aux yeux tellement nous étions fiers de ce que nous avions réussi à faire. Seuls contre tous, nous avions créé un produit extraordinaire. J'avais hâte de rentrer à la maison pour envoyer un courriel à notre producteur de bouteilles : nous étions prêts à passer notre première commande. Une commande de 10 800 bouteilles. (C'était beaucoup, oui... mais c'était la commande minimale de notre fournisseur !) Le lendemain, nous avons donné notre accord pour commencer la production de notre vodka. Nous étions débordants de joie.

Quelques semaines ont passé avant la réception de nos bouteilles. Entre-temps, nous avions envoyé des échantillons à la SAQ afin qu'ils soient analysés. Au Québec, la loi est simple : le seul endroit où on peut vendre des spiritueux est la SAQ. Nulle part ailleurs, point final. Et afin d'avoir la chance de vendre dans les succursales de la SAQ, il faut passer à travers un processus d'appel d'offres. Mais avant tout, il faut que le produit soumis soit accepté par le laboratoire de la société d'État, où on vérifie une multitude de points afin de s'assurer que chaque produit soit conforme aux règles établies. On vérifie entre autres qu'il n'y a aucun ajout dans le liquide sans que ce soit inscrit sur la bouteille, si le producteur respecte la quantité de liquide indiquée, si le pourcentage d'alcool est respecté...

LE REFUS

Afin d'être sûrs de réussir les tests, nous avions décidé d'attendre la production de notre premier lot pour présenter un produit fini à la SAQ. La réponse du laboratoire est arrivée quelques jours plus tard. Comme une tonne de briques sur la tête, comme un coup de poignard au cœur : REFUS. La SAQ venait de nous refuser le droit de vendre la PUR Vodka dans ses succursales. Nous nous retrouvions avec 10 800 bouteilles... et aucun endroit où les vendre. Nous n'avions littéralement aucune autre option : c'était la SAQ ou nulle part ailleurs. Et il était irréaliste de penser vendre à l'étranger, alors qu'on nous opposait un refus dans notre propre marché ! Inutile de dire que cette journée a été des plus pénibles. Je ne savais tout simplement plus quoi penser. Nous étions convaincus que l'histoire s'arrêtait là, que la course venait de se terminer abruptement. Je me souviens de mon sentiment d'impuissance. De ma rage intérieure, de ma frustration. Ça faisait quatre ans que je sacrifiais tout pour ce jour, quatre ans que mes proches me soutenaient, quatre ans que j'attendais mon tour. Je n'y croyais tout simplement pas. Comment détruire le rêve de quelqu'un en si peu de lettres ? R-E-F-U-S.

Les semaines suivantes ont été pénibles. J'avais perdu le peu d'énergie qu'il me restait. Je ne savais plus quoi faire. Je repensais sans cesse à ce que j'aurais pu faire différemment, à ce que j'aurais pu apprendre d'autre, mais c'était en vain. Nous avions tout simplement été refusés par le « système ». Notre produit était excellent, le travail derrière était titanesque. Aucun détail n'avait été négligé, aucun risque n'avait été laissé au hasard ; nous avions fait tout ce qu'il fallait faire, mais c'était insuffisant. J'étais détruit. Des mois plus tard, en discutant avec un employé haut placé de la SAQ, j'ai appris la raison de notre refus : nous n'avions aucun historique de vente. La SAQ veut s'assurer, quand elle choisit un produit, que l'approvisionnement et la qualité seront au rendez-vous. Mais comment aurions-nous pu avoir un historique de vente si nous étions nouveaux ? La raison de ce refus m'enrageait encore plus.

Après quelques semaines de remise en question et de rage intérieure, j'ai décidé de foncer. Ce n'était pas vrai qu'après tout ce travail, tous ces sacrifices, j'allais échouer. J'étais l'acteur principal de ma vie et j'allais décider moi-même de ma réussite ou de mon échec, pas quelqu'un d'autre. J'avais remarqué, lors de mes recherches, que les plus grands joueurs de l'industrie participaient à des concours. Pas n'importe quels concours, seulement les plus prestigieux. Dans le monde des vins et spiritueux, il existe beaucoup de concours, mais seuls cinq ou six sont reconnus mondialement. Nous n'avions plus rien à perdre : Christopher et moi nous retrouvions avec 10 800 bouteilles de vodka... Nos amis et nous étions convaincus qu'elle était bonne, mais qu'en penseraient les spécialistes du milieu? Les plus grands sommeliers, créateurs de cocktails, chefs de bar du monde? Les inscriptions au plus prestigieux concours de vodka du monde, la Vodka Masters, se finissaient justement dans quelques jours. J'ai pris la décision d'y envoyer trois bouteilles afin d'y participer. La Vodka Masters est une compétition qui se déroule à Londres chaque mois de décembre. Une dizaine de juges goûtent plusieurs fois à l'aveugle à plus d'une centaine de vodkas provenant des quatre coins de la planète avant de leur attribuer une note sur 100.

Nous n'avions aucune attente quant à ce concours, si ce n'était recevoir un résultat. L'inscription avait coûté une fortune, et que dire des coûts d'envoi d'échantillons par la poste? Nous avions néanmoins tout envoyé avant la mi-octobre. Les semaines ont passé sans nouvelles. Nous nous préparions à passer un hiver misérable avec 10 800 bouteilles à boire! Je travaillais le soir à l'hôpital, Chris, à son spa. Nous étions découragés, mais nous échangions quand même des idées pour la prochaine étape. Vendre à l'international? Dans le reste du Canada? Nous revenions cependant constamment à la même conclusion: pourquoi accepterait-on PUR Vodka ailleurs si elle n'était même pas acceptée dans sa propre province?

L'APPEL QUI A TOUT CHANGÉ

C'était un mardi matin de décembre, soit plus de deux mois après avoir envoyé les échantillons à la Vodka Masters. Nous n'avions toujours aucunes nouvelles et, à ce point-là, j'avais même oublié y avoir participé! Je venais de sortir promener mon chien, Roméo, quand j'ai reçu un appel. Il s'agissait d'un numéro international. Sur le coup, j'ai cru que c'était mon père, qui vit en France. Quand il m'appelle, une dizaine de chiffres apparaissent sur mon téléphone. J'ai répondu, et ce n'était pas mon père; c'était une dame avec un fort accent britannique. Elle demandait à parler au «vice-président communication quelque chose de PUR Vodka», bref, un titre qui avait l'air prestigieux. Je lui ai dit que c'était moi. (Peu importe le titre qu'elle aurait donné, j'étais seul au beau milieu d'une ruelle!)

Elle m'a aussitôt félicité: «*Congratulations! You have just won!*» Immédiatement, j'ai pensé aux fameuses croisières aux Bahamas que je «gagnais» souvent. Mais non, elle a répété: «*Congratulations! You just won the Vodka Masters! You've just been named world's best vodka!*» J'avais de la difficulté à la comprendre. En fait, je ne comprenais rien. Je regardais Roméo, Roméo me regardait, et je n'arrivais pas à parler. Après quelques secondes de mutisme, j'ai dit à la dame que j'étais dans ma voiture et que je l'entendais mal! C'était faux mais, devant une nouvelle de cette ampleur, je voulais une preuve. Je lui ai donc demandé de m'envoyer un courriel. À cette étape de ma vie, j'avais besoin d'une confirmation; c'était trop beau pour être vrai!

La dame a acquiescé et raccroché. Quelques secondes ont suffi pour que je reçoive son courriel. Plus je le lisais, plus des sentiments contradictoires m'envahissaient. Je n'arrivais pas à le croire : nous venions de remporter le titre de la meilleure vodka du monde avant même d'avoir vendu notre première bouteille, avant même qu'elle soit offerte dans un seul point de vente à travers la planète ! Nous étions de purs inconnus et nous venions de rafler le premier prix de la plus prestigieuse compétition de vodka du monde !

Mon premier réflexe a été d'appeler Karolyne, puis Christopher. Ils ne répondaient pas. J'étais en train de devenir fou, dans la ruelle avec Roméo. J'avais reçu la meilleure des nouvelles ; j'avais envie de hurler de joie, de sauter dans les bras de tout le monde que je croisais ! Nous venions de remporter la plus prestigieuse compétition du monde, de battre les vodkas les plus renommées, de nous faire un nom ! Quelques minutes plus tard, Karolyne m'a rappelé. Elle venait tout juste de se lever. J'ai pris quelques secondes à lui apprendre la nouvelle ; j'avais le souffle coupé. Immédiatement, Karolyne s'est mise à pleurer de joie. Presque en même temps, j'ai reçu un appel de Christopher. Il ne me croyait pas, il n'en revenait pas. Quelques semaines auparavant, nous avions vécu un revers cinglant, un coup que nous croyions fatal de la part de la SAQ et, là, nous nous retrouvions avec le titre de la meilleure vodka du monde ! Pas du Québec, pas du Canada... du monde !

Cette journée reste l'une des meilleures de ma vie. J'étais tellement heureux que je me sentais comme sur un nuage. Cette victoire était la reconnaissance de toutes ces années de travail et de sacrifices, le signe de la vie qu'il faut toujours persévérer, ne jamais abandonner. Tout à coup, chaque minute que j'avais passée à laver des planchers me semblait en avoir valu la peine. J'étais bombardé de demandes d'entrevue par des journaux et des revues spécialisées. Mon téléphone n'arrêtait pas de sonner. Tous les journalistes du milieu voulaient recueillir mes commentaires... mais surtout savoir qui nous étions! Je les comprends : nous étions d'illustres inconnus, sans site Web, sans page Facebook, sans historique de vente... Nous n'avions rien, sauf le titre de la meilleure vodka du monde!

Vers 15 h ce jour-là, la réalité m'a toutefois rattrapé. L'espace de quelques heures, j'avais oublié l'hôpital, oublié que, malgré cette victoire, j'avais absolument besoin de travailler. J'avais beau avoir la meilleure vodka du monde, je n'avais pas un sou en poche; il fallait que je me rende au boulot. Cette fois-là, cependant, les choses ont été différentes. J'avais hâte de partager la nouvelle avec mes amis, de leur montrer que je n'avais pas travaillé toutes ces années pour rien. Depuis des années, j'avais gardé mes aspirations plus ou moins secrètes. Je préférais réserver les détails ma vie personnelle à mes proches et à quelques amis mais, là, j'avais envie de crier ma victoire sur tous les toits!

Ce soir-là, je travaillais à l'urgence. Ceux qui m'ont aperçu n'ont pas dû comprendre mon état. Ils ne verront certainement plus jamais un préposé à l'entretien aussi content de ramasser des poubelles et de passer la « moppe »! J'avais un sourire collé aux lèvres. Même si je lavais des planchers, j'avais la meilleure vodka du monde, et personne ne pouvait m'enlever ça. J'étais si fier. Plus rien ne pouvait m'arrêter.

Les semaines suivantes ont été des semaines de transition. Nous étions maintenant sur le radar de certains distributeurs, et il y avait une forte demande pour notre produit dans plusieurs pays. Christopher et moi avions à prendre d'importantes décisions concernant la direction de notre entreprise. Commencions-nous l'exportation tout de suite? Nous concentrions-nous plutôt sur le marché local afin de bâtir une base solide? C'était l'heure des décisions, et il fallait prendre les bonnes. Quelques semaines plus tard, nous recevions une autre excellente nouvelle: la SAQ acceptait notre produit et nous allions pouvoir commencer à le vendre sous peu… finalement!

CHAPITRE 5

NOTRE ENTRÉE SUR LE MARCHÉ

Quand on a dix pas à faire,
neuf, c'est la moitié du chemin.

– Proverbe chinois

Après notre victoire, je croyais que mes journées à l'hôpital étaient comptées, j'étais convaincu qu'avec un titre de meilleure vodka du monde, je m'éloignerais rapidement de mes planchers. Je l'espérais, mais c'était irréaliste ! Oui, nous avions connu du succès à ce concours, mais l'histoire ne faisait que commencer. Nous avions gagné une bataille, mais certainement pas la guerre. C'était maintenant, le vrai départ. Christopher et moi commencions une nouvelle étape de nos vies.

L'année 2010 a commencé avec le Salon des vins de Montréal. Nous venions tout juste d'entrer à la SAQ et n'avions jamais rencontré le public pour parler de notre produit. Nous étions anxieux. Qu'allait-on nous dire? Qu'allait-on nous demander? Nous étions novices. Nous n'avions aucune idée d'à quoi nous attendre: c'était notre premier salon. Heureusement, nous avions eu une belle couverture médiatique à la suite de notre victoire à la Vodka Masters et notre nom commençait à faire le tour des amateurs de vins et spiritueux. Il y avait énormément de curiosité. Beaucoup se demandaient qui était ce jeune homme qui avait eu l'idée de lancer une vodka. Une première au Québec, un pionnier... à 26 ans! Certes, il existait déjà des producteurs de spiritueux à base de pomme ou de petits fruits, mais tous travaillaient avec des permis artisanaux. Ils produisaient des spiritueux un peu par défaut, en complémentarité avec leur production principale. Jamais personne n'avait pensé, depuis la distillerie Seagram, à produire un spiritueux – encore moins une vodka – comme produit principal. Nous étions les premiers, et j'en étais très fier.

Cela dit, nous connaissions très mal le système. En plus d'être très complexe, la SAQ est un des plus grands joueurs du monde des vins et spiritueux, et naviguer à travers ce système s'est avéré une véritable chasse au trésor. En effet, peu de gens le savent, mais la SAQ n'est pas qu'une immense entité au Québec; elle fait figure de géante sur la planète entière. Combien de détaillants de vins et spiritueux peuvent se vanter d'avoir plus de 400 succursales, des dizaines de milliers de produits et un bassin d'environ 6 millions de clients potentiels? La SAQ est un joueur incontournable du domaine des vins et spiritueux dans le monde entier, et son président, l'un des personnages les plus influents. Comme pour tout acteur aussi important dans une industrie, le système de la SAQ est malheureusement bâti de sorte qu'il ne donne pas beaucoup de chances aux nouveaux produits des plus petits producteurs. Je crois sincèrement que c'est involontaire mais, comme la majorité des produits en succursale appartiennent à un nombre très restreint de compagnies (surtout dans le domaine des spiritueux), ça rend la tâche difficile aux plus petits joueurs. Pour donner un exemple, les promotions en succursale sont prévues des mois à l'avance, ce qui rend ardue la planification pour une jeune entreprise qui fonctionne presque au jour le jour!

Comme pour tout nouveau produit, nous pouvions entrer dans le réseau sous quatre différentes catégories: en succursale Signature, en approvisionnement par lots, en approvisionnement continu ou en produit courant. Bien sûr, nous espérions dès le départ être classés dans les produits courants, ce qui nous aurait garanti une excellente position sur les tablettes et une distribution maximale. C'est pourtant dans les deux succursales Signature, à Montréal et à Québec, que nous avons fait nos débuts. Ça a été un succès instantané. Je me rappelle le moment où je suis entré dans la succursale Signature de Montréal et où j'ai vu les bouteilles de PUR Vodka. J'avais des frissons. C'était finalement vrai: notre produit était en vente. Les mois ont passé et les ventes se déroulaient très bien. Nous étions satisfaits, mais nous avions hâte de passer à la vitesse supérieure. Être offert dans deux succursales de la SAQ, c'est bien, mais plus, c'est mieux! Nous sommes devenus un sujet d'intérêt pour les médias, et la demande du public s'est accentuée rapidement. Nous nous sommes ainsi retrouvés en rupture de stock.

SURMONTER LES EMBÛCHES

Néanmoins, malgré nos ventes et notre succès, le financement pour produire davantage a été difficile à trouver. Aucune banque que nous avions rencontrée n'avait démontré un intérêt particulier envers nous et notre vodka. Nous peinions à leur expliquer que nous étions une «vraie» compagnie. Comme nous étions les premiers à nous lancer dans le domaine depuis des décennies, il n'y avait aucun «comparable». Lancer une bière, un cidre de glace, un vin aurait été beaucoup plus simple. Il y avait déjà un marché, une demande, des statistiques... bref, ce n'était pas nouveau! Pour les banques, les spiritueux étaient un univers totalement inconnu. Leur expliquer notre situation était très compliqué, surtout que la microdistillation n'en était qu'à ses débuts. En fait, ça n'existait tout simplement pas, ce qui nous compliquait grandement la tâche! Comment obtenir un prêt avec comme seul argument que la demande pour ce type de produit viendrait sous peu? Pas évident! Mais j'avais confiance, je *savais* que la demande pour ce genre de produit s'accroîtrait. Autant aux États-Unis qu'en Europe, une tendance se dessinait vers un retour à la qualité, des producteurs plus méticuleux, l'achat local, et je tenais à être un des premiers au Canada à représenter cette tendance. Malheureusement, aucun argument que nous amenions n'était assez vendeur pour les prêteurs. Personne ne voulait nous aider.

Frustrés, mais pas nécessairement surpris, nous avons tout de même entrepris de produire un deuxième lot. Nous ne pouvions pas nous arrêter là. Nous venions de remporter les Jeux olympiques de la vodka et, à cause d'un manque de financement, nous devrions tout stopper? Non, JAMAIS. Christopher et moi étions déjà trop impliqués dans l'aventure pour tout abandonner à cause de l'argent. Nous avions tellement travaillé fort au cours des dernières années afin de lancer PUR Vodka, ce n'était pas un banquier qui allait décider si nous allions réussir ou non. Nous avons produit notre second lot de peine et de misère. Cette fois-ci, c'était le double, soit 21 600 bouteilles. Nous avons dû mettre beaucoup de dépenses sur nos cartes de crédit (et celles de ma sœur, de ma mère, de mon père et de Karolyne!) afin de mener cette production à terme, mais elle en valait la peine! Il n'y avait déjà plus de bouteilles de PUR Vodka en succursale depuis deux mois, et la demande grandissait. Entre-temps, nous avions gagné d'autres prix, et nous étions omniprésents dans les médias. La demande de spiritueux québécois s'accroissait et nous étions les seuls de la province à produire de la vodka. Nous voulions suffire à cette demande.

Même si nous étions très populaires, nous faisions juste assez d'argent pour survivre de production en production. Pas question de nous verser un salaire ou de faire une erreur. Nous étions littéralement «à la cenne près». Tout l'argent que nous récoltions servait à la production du prochain lot. Heureusement, après quelques recherches, nous avons réussi à obtenir un prêt de notre centre local de développement, un programme gouvernemental aujourd'hui aboli qui avait pour objectif de soutenir les entreprises en démarrage de différentes régions. Ce premier prêt nous a grandement aidés et nous a permis de continuer à avoir le vent dans les voiles.

Entre-temps, le soir, je continuais à travailler à l'hôpital. C'était mon rituel depuis maintenant quatre ans. Je cherchais à m'en sortir, mais il s'agissait de mon filet de sécurité, mon fameux plan B. Plus la compagnie grandissait, plus le monde des affaires m'intéressait. Je voulais en savoir plus, approfondir mes connaissances. Je pensais depuis quelques mois à retourner sur les bancs d'école et j'avais décidé de m'inscrire à un programme qui me semblait fait sur mesure pour moi : une maîtrise en administration des affaires (MBA) à l'UQAM. Ce programme me semblait parfait pour moi, car les cours se donnaient les fins de semaine et qu'il comportait une approche très entrepreneuriale. Avec mon expérience et mon parcours atypique, j'étais convaincu d'y être accepté, d'être le candidat idéal. Après tout, sur son site Web, l'UQAM parlait de l'importance d'avoir une expérience de vie différente et pas seulement de bonnes notes. Les prérequis étaient un baccalauréat et trois années d'expérience dans le monde des affaires. J'avais ce qu'il fallait, et même plus : j'avais fondé ma propre entreprise et elle connaissait beaucoup de succès, j'avais réussi à lancer un produit que j'avais entièrement créé, je m'étais autofinancé... J'étais très fébrile à l'idée de partager mes expériences avec les autres étudiants et d'entendre les leurs, j'avais hâte de découvrir ce qu'il me manquait afin de passer à la vitesse supérieure avec PUR Vodka.

À peine quelques jours après m'être inscrit, cependant, je recevais une fois de plus une lettre de refus. J'étais enragé, vraiment enragé. J'avais fondé une entreprise qui avait créé la meilleure vodka du monde, nous avions récolté 11 prestigieuses médailles internationales et, parce que la moyenne de mes notes, obtenues quatre ans auparavant, était inférieure à

4,3, j'étais refusé ! Je n'en revenais tout simplement pas. J'avais l'impression d'être dans le film *Le jour de la marmotte*, où la même histoire se répète sans cesse. Malgré tout, je n'avais pas le choix de me relever les manches et de continuer. Je me disais que j'avais une raison de plus de foncer : prouver à l'université qu'elle faisait erreur. En fait, ce refus m'a encore plus motivé à réussir.

Comme le dit le proverbe, « la vie continue », et c'est exactement ce que j'ai fait. Nous connaissions un véritable succès en SAQ et nous recevions des offres de distribution des quatre coins de la planète. Le financement était toujours notre talon d'Achille, mais nous arrivions tout de même à produire en évitant le plus possible les multiples ruptures de stock. En définitive, nous étions sur une belle lancée.

CHAPITRE 6

L'ÉMISSION QUI A TOUT CHANGÉ

*Rien ne s'est fait de grand
qui ne soit une espérance exagérée.*

– Jules Verne

Je m'en souviens comme si c'était hier. C'était durant l'été 2011. Karolyne et moi étions au restaurant Cora, à Québec, pour déjeuner. Sur la table se trouvait une petite affiche portant le titre *VoirGRAND.tv*. C'était une pub pour une émission de télé qui mettait les entrepreneurs de la relève à l'honneur. Le titre me parlait. Créée par Anne Marcotte, une femme d'affaires aguerrie, l'émission en était à sa troisième saison et connaissait un véritable succès populaire. Sa création avait dû demander de l'audace et du courage, car à l'époque l'entrepreneuriat n'était pas le sujet le plus à la mode, contrairement à aujourd'hui. *VoirGRAND.tv* m'attirait beaucoup en raison de sa mission. Il n'y était pas question de nous juger, d'investir dans notre entreprise, de nous acheter ou de nous montrer dans telle ou telle situation; elle avait pour but d'aider, de promouvoir et de soutenir l'entrepreneuriat. J'ai rapidement décidé de m'y inscrire.

Quelques semaines ont passé avant que je sois convoqué à la première étape, qui consistait en une audition. Plusieurs centaines d'entrepreneurs avaient posé leur candidature et il fallait en choisir six pour participer à la finale. J'avais été convoqué à l'hôtel Delta de Montréal pour 8 h un samedi matin. Au réveil, j'étais stressé, très stressé. C'était la première fois que je m'inscrivais à ce type de concours et je n'avais aucune expérience en télévision. Je ne suis pas du genre à participer pour participer, et quand je me lance dans une aventure, c'est pour gagner. Je m'étais mis beaucoup de pression sur les épaules, car je voulais absolument passer à l'émission. Je me disais que ce serait une excellente manière de faire de la pub à PUR Vodka à faible coût!

Dans la salle d'attente de l'hôtel, il y avait une quinzaine d'entrepreneurs, dont moi, avec Karolyne. Plus je parlais aux autres participants, plus je me disais que je n'avais aucune chance. Un d'entre eux avait inventé une manière de recycler des cartouches d'encre, un autre, une main bionique; moi... de la vodka! J'avais peur qu'on ne considère pas ma compagnie comme une «vraie» compagnie. Plus les heures passaient, plus mon stress montait. J'étais le dernier candidat de la journée, et j'ai eu le temps d'inventer mille et un scénarios dans la salle d'attente. Heureusement que j'avais de la vodka avec moi – même si je ne recommande cette solution à personne. Deux, trois gorgées, et mon stress a redescendu !

En marchant vers la salle d'audition, j'ignorais à quoi m'attendre. Je n'avais préparé aucun discours précis, aucune histoire, rien. À l'intérieur, il faisait chaud. Au moins quatre caméras et autant de spots dégageaient une chaleur intense. Les candidats devaient se présenter en entrant, puis se placer devant la caméra principale et attendre le « go ». Nous avions trois minutes pour « vendre notre salade ». Pour la première fois depuis des années, je me retrouvais sous les projecteurs, obligé à performer comme quand je jouais au basket. Tous les yeux sur soi, et on fonce !

Même si je ne m'étais pas préparé, ma présentation a été un immense succès. Les juges étaient bouche bée : aucune question, aucune remarque, un silence complet suivi d'applaudissements. J'étais convaincu que je serais non seulement finaliste, mais que je remporterais tout. Karolyne, qui avait pu voir mon audition, l'était aussi ! J'étais heureux : j'avais dit ce qu'il fallait, ce que je jugeais important. Très satisfait, j'étais convaincu qu'on me rappellerait. C'est effectivement ce qui est arrivé. Deux ou trois semaines après l'audition, j'ai eu la confirmation que j'étais un des finalistes. J'étais fou de joie !

L'expérience a été inoubliable. Je faisais mes débuts dans le domaine de la télé, et j'adorais ça ! Les trois mois qu'a duré le tournage ont passé extrêmement rapidement. Le grand gala de clôture arrivait à grands pas. Je ne m'en faisais pas quant à son issue : je m'étais préparé pendant des années, je connaissais mon industrie par cœur et j'avais prouvé, à force de travail et de persévérance, que je méritais ma place, que je méritais de gagner. Malgré tout, j'anticipais l'événement. Comme quand je jouais au basket ou que j'étudiais, l'attente me rendait anxieux. C'est une fois dans l'arène que je retrouve mon aplomb.

Plus de 500 personnes ont pris part au gala. Ça a été une soirée grandiose. La productrice, Anne Marcotte, avait fait les choses en grand. Le *who's who* du Québec tout entier était là, et la soirée allait bon train. Puis le moment décisif est venu. Nous étions à quelques minutes de connaître le grand gagnant. Je me rappelle m'être dit que je tenais à gagner, car le lendemain je partais à New York avec ma famille et que je ne voulais pas avoir cette défaite sur le cœur ! Comme je le mentionnais plus tôt, je veux toujours gagner. La maxime « L'important, c'est de participer » n'existe pas pour moi.

Par un drôle de hasard, le nom du vainqueur était annoncé par Cora Tsouflidou, la fondatrice des restaurants Cora ! Au moment de dévoiler le gagnant, elle a dit qu'elle était contente que la personne qui remporte la troisième saison de *VoirGRAND.tv* porte le même prénom que son fils. Je savais que son fils s'appelait Nicolas. Voilà, j'avais gagné ! J'y croyais depuis ma première audition, mais c'était maintenant confirmé. J'étais si fier : je venais de remporter une émission qui mettait de l'avant l'esprit entrepreneurial, j'étais finalement un des leurs, je devenais un homme d'affaires. La marche vers la scène a été un autre des meilleurs moments de ma vie. Je n'avais pas préparé de discours, mais je savais qui je voulais remercier. J'ai aussi pris le temps de remercier tous ceux qui n'avaient pas cru en moi. Chacun de leurs refus, chacun de leurs doutes me motivait à leur prouver qu'ils avaient tort et, ce soir-là, j'avais une pensée pour eux.

NOUVELLE TENTATIVE, NOUVEL ÉCUEIL

On était au début de 2012 et PUR Vodka continuait à prendre de l'ampleur. J'avais de plus en plus confiance en mes moyens et j'adorais voir l'évolution quotidienne de la compagnie. De plus, grâce à l'émission, j'avais rencontré une femme exceptionnelle que je considère aujourd'hui comme une de mes meilleures amies: Anne Marcotte, une femme d'affaires ayant l'entrepreneuriat tatoué sur le cœur pour les bonnes raisons. Je sortais de quelques mois remplis d'émotions avec ma participation et ma victoire à l'émission *VoirGRAND.tv*. Nous continuions à remporter des médailles à travers le monde et étions en passe de devenir l'une des vodkas les plus populaires à la SAQ.

Pourtant, je tenais mordicus à approfondir mes connaissances et à côtoyer des personnes du même univers d'affaires que le mien. J'avais donc décidé de m'inscrire une nouvelle fois à la MBA mais, cette fois-ci, à l'Université de Sherbrooke, où se donnait un programme d'études qui me permettrait de continuer à diriger ma compagnie tout en en apprenant davantage sur le monde des affaires. Je ne voulais pas me réinscrire à l'UQAM puisque j'y avais déjà été refusé. Je me disais qu'il était certain que l'Université de Sherbrooke accepterait ma demande. PUR Vodka était une véritable *success story*, et nous avions prouvé que nous étions là pour rester. Confiant, je me suis inscrit à la MBA en fournissant encore plus de raisons pour qu'on me prenne. J'avais mis le paquet! Mes lettres de recommandation provenaient des leaders de Québec inc. et d'un ancien premier vice-président de la SAQ. J'avais fait parvenir à l'université des dizaines d'articles de publications reconnues, comme *La Presse* et *The Gazette*, qui parlaient de notre réussite. Je venais de remporter un prestigieux prix entrepreneurial, je donnais des conférences aux quatre coins de la province, dont dans plusieurs classes d'étudiants à la maîtrise en administration des affaires... J'avais même aidé à l'écriture d'un chapitre d'un livre obligatoire pour les étudiants de la MBA de l'Université Laval.

Mais la malheureuse histoire s'est répétée: «La sélection des candidates et candidats se fait sur la base d'une liste d'excellence. Pour établir cette liste, la qualité du dossier scolaire et les autres éléments exigés avec la présentation de la demande d'admission sont pris en considération. L'examen de votre dossier ne nous permet pas de vous classer parmi les candidatures retenues dans le programme.» C'est par ce courriel laconique que j'ai su que j'étais, une fois de plus, refusé à l'université. Je n'en revenais tout simplement pas. Un autre refus... Peu importe ce que je faisais, on me refusait. Pourtant, j'avais un dossier béton! J'étais littéralement hors de moi. Je ne demandais pas de faveur, je ne voulais pas qu'on me donne un diplôme, je voulais simplement améliorer mes connaissances du monde des affaires afin de mettre toutes les chances de mon côté! Et apparemment, je n'en avais pas le droit. Je ne méritais visiblement pas d'être sur cette liste d'excellence. Quel revers!

CHAPITRE 7

DANS LA COUR DES GRANDS

Le succès, c'est de se promener d'échec
en échec tout en restant motivé.

— Sir Winston Churchill

Les trois dernières années avaient été fantastiques pour PUR Vodka. Nous étions devenus la troisième vodka la plus vendue dans notre catégorie et nous n'avions même pas atteint la moitié de notre potentiel. Nous avions réussi à nous rendre aussi loin par la seule force de notre persévérance. Malheureusement, à cause des multiples refus des banques, Christopher et moi étions encore obligés de presque tout financer. Nous nous étions dit que nous financerions nous-mêmes la croissance de l'entreprise le plus longtemps que nous le pourrions. La situation était néanmoins incroyable : nous commencions à avoir des employés mais, afin de mettre le maximum de ressources financières dans notre entreprise, nous étions obligés de travailler ailleurs le soir pour récolter un salaire !

L'année 2012 a commencé en lion. Au début de janvier, j'étais avec Karolyne à New York – ma ville préférée, une ville de liberté où tous les rêves sont possibles et où je me sens comme un poisson dans l'eau – quand j'ai reçu un appel de la SAQ. Puisque nos ventes étaient excellentes, on nous offrait de devenir un produit courant. C'était la consécration. Nous allions finalement être offerts dans toutes les succursales de la SAQ de la province. J'ai immédiatement appelé Christopher pour lui annoncer la nouvelle. Évidemment, il était ravi. Avec ce changement de catégorie, nous rentrions dans la cour des grands.

L'année 2012 a aussi été une année fort intéressante en rencontres. PUR Vodka avait toujours bénéficié d'une excellente couverture médiatique. Nos victoires lors des différents concours internationaux et la qualité de notre produit nous permettaient cette belle visibilité. Grâce à celle-ci, nous attirions l'intérêt de plusieurs acteurs majeurs de Québec inc. Je me souviens très bien de la première personne qui nous a approchés afin de nous inviter à un lunch d'affaires. Par respect pour son anonymat, je tairai son nom, mais je peux vous dire que nous étions agréablement surpris ! Comme nous, elle avait fondé son entreprise et créé à partir de zéro des produits qui se retrouvaient parmi les meilleurs vendeurs de son industrie. Elle connaissait un immense succès avec son entreprise et était reconnue et respectée dans le milieu des affaires. Quand nous avons reçu son invitation, nous avons immédiatement accepté de la rencontrer. Ce n'est pas tous les jours qu'on rencontre des entrepreneurs qui ont fondé leur entreprise et qui ont un revenu de plusieurs dizaines de millions de dollars ! Nous avions certainement bien des choses à apprendre d'elle ! Nous étions très excités d'avoir la chance de la rencontrer.

La discussion a été des plus agréables. Cette personne était très imposante, très confiante et, quand elle marchait dans le restaurant, un silence se faisait autour d'elle. Elle avait un je-ne-sais-quoi qui lui donnait beaucoup de prestance. Elle adorait notre histoire, notre produit et elle voulait investir dans notre entreprise. Nous nous doutions qu'elle désirait nous rencontrer pour cette raison et nous étions prêts à l'écouter. Les rôles étaient bizarrement inversés ; la situation était assez cocasse. Cet entrepreneur aguerri devait nous convaincre de son apport et nous, nous n'avions qu'à l'écouter ! Après quelques jours de réflexion, nous avons toutefois décidé de décliner son offre. J'étais stressé lorsque je lui ai envoyé le courriel l'informant de notre décision. Nous avions décidé de refuser une offre d'investissement de la part d'une personne qui pouvait nous apporter un réseau, une expérience et le fameux financement si important pour toute jeune entreprise. Étonnamment, pourtant, nous avions mis peu de temps à prendre notre décision. C'était un moment crucial dans notre croissance, il fallait absolument faire le bon choix. Accepter qu'un investisseur partage le capital d'une entreprise est toujours un risque. Pendant les négociations, on ne voit qu'un côté de la personne ; travailler avec elle au quotidien est différent. Nous ne nous sentions tout simplement pas à l'aise avec les idées qu'elle mettait sur la table. Nous avions déjà notre plan de match, notre public cible, nos objectifs ; nous ne voulions pas tout chambouler pour lui plaire. Mes jours à l'hôpital auraient pu être chose du passé avec cette entente, mais nous avons décidé d'attendre de trouver le partenaire idéal. Comme l'a dit le célèbre penseur Confucius, « une petite impatience ruine un grand projet ».

TROUVER LE BON PARTENAIRE

Nous avons donc dit non, et il fallait l'assumer ! Les semaines suivantes nous ont permis de mettre sur papier un plan d'attaque. Nous prenions de plus en plus d'envergure, et soutenir notre croissance nécessitait des investissements massifs que nous ne pouvions tout simplement pas financer. Nous devions trouver un partenaire financier qui croyait en notre entreprise, mais surtout qui croyait en nos capacités de mener la barque dans la bonne direction. Nous avions montré ce que nous pouvions faire avec des moyens très modestes ; il fallait maintenant convaincre un partenaire financier clé que notre croissance exploserait avec son apport.

Un peu comme pour le plan d'affaires, je m'étais dit que j'allais préparer un plan de match afin d'approcher des investisseurs potentiels. Depuis quelques mois, nous recevions beaucoup de demandes de rencontre afin de discuter de projets d'investissement dans la compagnie, mais nous les refusions toutes. Nous voulions approcher nous-mêmes les personnes qui pourraient nous aider grandement. Nous avions la meilleure vodka du monde, nous profitions d'une superbe croissance, nous comptions sur un plan triennal exceptionnel. Tout ce que nous voulions était LA bonne personne qui nous faciliterait la tâche, qui ouvrirait les portes de son réseau et qui nous ferait rencontrer les bonnes personnes. Oui, l'investissement financier était important, oui, certaines clauses du contrat étaient primordiales pour nous, mais ce à quoi nous tenions le plus, c'étaient ces dernières caractéristiques. Facile à dire… mais très difficile à trouver !

Pour nous aider dans notre quête, nous avons fait appel à un conseiller stratégique. Nous avions besoin d'un œil extérieur et d'une personne avec beaucoup d'expérience dans la recherche de partenaires investisseurs. Il était important pour nous de bien nous entourer dans cette étape cruciale. Nous avions décidé qu'il était temps d'ouvrir notre capital, mais pas à n'importe qui ! Préparer un dossier de présentation a été une tâche beaucoup plus ardue que je l'imaginais. Peu importe les médailles remportées, peu importe les coupures de presse élogieuses, peu importe nos ventes ou ce que nous avions fait par le passé, plus rien ne comptait ; il fallait maintenant prouver qu'avec un partenariat stratégique, nous pourrions continuer, et même accélérer, notre croissance. Un peu comme mon plan d'affaires initial, le dossier de présentation devait détailler qui nous étions, quel était notre public cible, notre plan de match, etc. La différence était que, cette fois-ci, il fallait démontrer ce que nous pouvions faire de plus, ce qu'un investissement nous permettrait d'accomplir et comment la croissance s'accélérerait. Tout au long de la préparation de ce document, je me suis mis dans la peau de la personne qui consulterait notre offre. À quoi penserait-elle ? Quelles étaient nos forces ? Quelles étaient nos faiblesses ? Je ne voulais rien laisser au hasard. Cette offre était trop importante pour ne pas accorder une attention particulière aux détails. Notre conseiller nous a été précieux.

Comptant sur une carrière remplie de succès en affaires et sur son expérience et ses connaissances de gestionnaire, il nous a grandement aidés dans l'élaboration de notre présentation.

J'avais mis sur papier une courte liste de personnes auxquelles j'avais envie de présenter notre offre. Je ne voulais pas perdre mon temps. Nous étions prêts et extrêmement bien préparés. J'avais tellement reçu de refus dans ma jeune carrière que, cette fois-là, je m'étais préparé dans le but de forcer un oui! Nous avons vite obtenu un premier rendez-vous avec une des personnes de notre courte liste. Je crois ne jamais avoir été aussi stressé que ce jour-là! C'était le fondateur de l'une des plus grandes réussites de Québec inc. Son entreprise et son industrie étaient presque un partenaire naturel pour PUR Vodka. Les synergies à développer sautaient aux yeux. Des deux côtés, il semblait y avoir un intérêt à s'associer. J'étais prêt mais anxieux. Nous n'avions jamais répété notre présentation et nous avions une seule chance de faire bonne impression.

Au siège social du groupe, nous avons rencontré le PDG, et non le fondateur. Il était accompagné de son chef des finances. Notre présentation a duré une vingtaine de minutes. Nous ne voulions pas trop rentrer dans les détails. Notre document comptait plus d'une cinquantaine de pages, et ils auraient tout le loisir de le consulter par après. L'important, dans cette rencontre, était de produire le maximum d'effet, de créer un coup de foudre pour notre produit. Il fallait nous assurer que le PDG et le chef des finances aiment notre projet afin qu'ils en parlent en bien au propriétaire de l'entreprise, ce que nous avons réussi. La réunion a été un succès. J'étais très satisfait, très content de la tournure des événements. Le PDG et le chef des finances se sont même avancés pour nous dire que notre présentation était l'une des meilleures qu'ils avaient vues. Nous étions très confiants pour la suite.

Quelques semaines plus tard, je recevais un appel du chef des finances. Il m'annonçait que malheureusement, malgré leur grand intérêt et après vérification, à cause de conflits d'intérêts avec certaines entreprises dans lesquelles le groupe investissait, il ne pouvait pas aller de l'avant. J'étais très déçu. C'était la première personne sur notre liste, un partenaire naturel… Mais nous ne pouvions rien faire : nous devions chercher quelqu'un d'autre. J'ai vécu ce refus un peu comme un lendemain de veille. Nous étions tellement convaincus que le partenariat se ferait ! Tout avait été parfait. La présentation, la rencontre, les objectifs communs, bref, tout faisait de cette association un succès futur ! Il fallait néanmoins arrêter de penser à ce qui aurait pu être et nous concentrer sur notre prochaine rencontre.

Pour notre deuxième rendez-vous, nous étions gonflés à bloc et confiants. Nous rencontrions un homme d'affaires très présent dans les médias. Il avait réussi dans une industrie qui n'avait absolument rien à voir avec notre univers, mais il avait ce qu'il fallait pour bâtir une entreprise à succès. Nous avons hésité avant de le rencontrer, car nous ne le connaissions pas et, donc, nous n'avions aucune idée de quel type de personne il s'agissait, mais nous n'avions rien à perdre. Le premier rendez-vous a été cordial. Il était visiblement très intéressé par l'entreprise, mais nous doutions de ce qu'il pouvait nous apporter. Nous avons tout de même continué les discussions afin d'en apprendre un peu plus et de faire le bon choix. De notre côté, les temps étaient durs. La croissance coûte cher, et nous étions encore et toujours seuls à tout financer. Nous ne pouvions presque plus avancer, les montants nécessaires étant de loin supérieurs à ce que nous pouvions payer de notre poche. Malgré ce fait, nous ne voulions pas nous précipiter dans un partenariat dans lequel nous ne serions pas à l'aise. Nous savions que nous trouverions le bon partenaire ; il suffisait d'être patients.

Plus d'un an avait passé depuis le début de nos démarches. Le temps filait, et nous avions tous hâte de conclure ce fameux partenariat. Nous avions rencontré le deuxième investisseur potentiel trois ou quatre fois, et nous nous éloignions de plus en plus d'une offre. Christopher et moi étions de moins en moins à l'aise avec l'approche et la manière de faire de cet homme d'affaires. Lors de notre dernière rencontre, il a déposé une offre qu'il a dite finale. Malgré nos inquiétudes, notre conseiller la jugeait acceptable. Il était convaincu qu'il s'agissait d'une excellente offre. Pour notre part, nous l'étions beaucoup moins. La décision finale nous appartenait et nous hésitions. Refuser cette offre nous ramenait à la case départ et, franchement, nous ne le souhaitions pas. Nous avions hâte d'arrêter de travailler ailleurs afin de consacrer le plus de temps possible à PUR Vodka et de nous concentrer sur le futur. Nous vivions presque au jour le jour, et c'était épuisant.

Il nous fallait donner notre réponse quelques jours plus tard. J'étais déchiré, mon cœur battait à tout rompre. Contre l'avis de notre conseiller, nous avons décidé de refuser l'offre. En l'annonçant, j'avais peur d'avoir fait une erreur. Pour ajouter à la pression, notre conseiller nous a dit que nous faisions la pire erreur de notre vie. J'étais terrifié. Je ne me rappelle même plus les jours suivants tellement j'étais dans un monde parallèle !

Des années plus tard, cependant, je considère que cette décision était en fait la meilleure de ma vie. J'ai appris une excellente leçon de vie : se faire confiance. Dès le début, nous avions un mauvais pressentiment par rapport à cet investisseur, et nous avons bien fait de l'écouter. Inutile de dire que notre relation avec notre conseiller s'est détériorée à la suite de ce refus, mais c'était pour le mieux. Je ne lui en veux pas. Il nous a grandement aidés dans ce processus, son expérience a été inestimable mais, à la fin, il fallait prendre la meilleure décision pour le futur de PUR Vodka.

LE PARFAIT INVESTISSEUR

C'était bien beau l'apprentissage, bien beau d'avoir pris la meilleure décision, mais nous ne nous retrouvions pas plus avancés. Nous étions à nouveau de retour à la case départ : il nous fallait un partenaire. Le vent a rapidement changé lors d'une rencontre avec notre avocat. Je lui ai parlé de notre difficulté à trouver le bon partenaire et du fait que nous ne voulions pas n'importe qui. Un investisseur est relativement facile à trouver ; un investisseur stratégique, beaucoup moins. Rapidement, notre avocat a pensé à nous mettre en contact avec un de ses clients qui avait notamment réussi en immobilier, Hillel Greenbaum. Il était convaincu qu'il serait intéressé par notre compagnie et que nous pourrions le rencontrer rapidement, ce qui s'est avéré.

Dès notre première rencontre, nous avons eu un coup de foudre professionnel. Enfin un homme d'affaires qui comprenait où nous voulions aller et qui posait les bonnes questions ! Celles qui nous rendent meilleurs, qui se concentrent sur le futur de la compagnie, sur sa croissance au lieu de se préoccuper de détails superflus. Contrairement à l'investisseur précédent qui regardait mon doigt quand je lui montrais la lune, lui regardait la lune et réfléchissait à comment l'atteindre. Les négociations se sont conclues assez rapidement. Nous avions tous les mêmes objectifs : faire passer PUR Vodka à la vitesse supérieure et nous permettre, à Christopher et à moi, de nous concentrer strictement sur PUR Vodka. Enfin, mes jours à l'hôpital étaient comptés ! Quelques jours plus tard, le partenariat a été officialisé. Nous avions deux nouveaux partenaires : Hillel Greenbaum et Morris Szwimer, un ami avocat d'Hillel que ce dernier avait convaincu d'investir avec lui. Nous étions ravis !

La dernière année avait été particulièrement éreintante. En plus du stress occasionné par nos multiples négociations, j'avais été obligé de prendre un congé sans solde à l'hôpital, me retrouvant sans revenus. Mes tâches étaient trop grandes pour que je puisse continuer à travailler aux deux endroits. Quelques semaines après avoir conclu notre entente avec Hillel et Morris, je démissionnais enfin de Sainte-Justine. L'hôpital m'avait permis de créer PUR Vodka, ça avait été le plan B idéal afin de réaliser mes rêves entrepreneuriaux. J'ai eu beaucoup de peine de laisser cette superbe institution. Il me fallait pourtant aller de l'avant et me consacrer à PUR Vodka qui, grâce à son nouveau partenariat, était maintenant évaluée à plusieurs millions de dollars. Près de sept ans jour pour jour après que j'ai tapé le mot « vodka » dans Google, nous entrions finalement dans la cour des grands.

CHAPITRE 8

SKY'S THE LIMIT

Il est des moments où les rêves les plus fous semblent réalisables à condition d'oser les tenter.

– Bernard Werber

À peine quelques semaines après la conclusion de notre entente, j'ai été invité par Anne Marcotte à participer à une autre de ses émissions à titre de mentor. C'était environ un an après la tragédie de Lac-Mégantic, et Anne Marcotte avait eu la brillante idée, en partenariat avec la chaîne V et HEC Montréal, de créer une émission afin d'aider les entrepreneurs-commerçants de la ville qui avaient tout perdu lors de la catastrophe ferroviaire. Le but était de trouver des solutions aux défis que vivaient les victimes de cette tragédie. Du restaurateur au coiffeur en passant par le vendeur de chaussures, ces commerçants avaient tout perdu et devaient se retrousser les manches, se réinventer, repartir sur de nouvelles bases et, surtout, se voir donner une deuxième chance.

Pour le lancement du tournage, HEC a organisé une soirée où une association historique avec le fondateur de Transcontinental, Rémi Marcoux, a été annoncée. Grâce à un don de 2,5 millions de dollars, HEC créait le Parcours entrepreneurial Rémi-Marcoux, une attestation d'excellence qui vise à favoriser l'action entrepreneuriale de la relève. Les étudiants inscrits au Parcours entrepreneurial Rémi-Marcoux aideraient les commerçants de Lac-Mégantic, dans le cadre de l'émission, à trouver des solutions innovantes afin de se relever de la catastrophe. Lors des remerciements, Anne Marcotte a parlé brièvement de mon histoire, du fait que, quelques années à peine après avoir lavé les planchers le soir à l'hôpital Sainte-Justine, situé directement en face de HEC, je me retrouvais mentor dans une émission entrepreneuriale. Elle a souligné que, dans la vie d'un jeune entrepreneur, il était important de persévérer et de ne jamais abandonner, peu importe les défis qui se trouvaient sur notre chemin.

Dans l'assistance, un homme portait une attention particulière aux paroles d'Anne Marcotte. Il semblait intrigué par l'histoire entrepreneuriale derrière PUR Vodka. J'étais déjà sur le plateau de tournage quand Karolyne est venue me chercher pour me le présenter. Cet homme, c'était Philippe de Gaspé Beaubien III, que je connaissais de nom, de réputation, mais que je n'avais jamais eu la chance de rencontrer. Il m'a demandé si j'aimerais venir raconter mon histoire lors d'un repas qu'il organiserait pour l'occasion. J'étais extrêmement honoré de cette invitation. Je savais peu de choses de son parcours entrepreneurial, mais je savais au moins qu'il venait d'une prestigieuse famille qui était dans les affaires depuis presque aussi longtemps que le Québec existait! Je voyais souvent son nom dans les articles que je lisais notamment dans le journal *Les Affaires* ou *La Presse*. J'ignorais encore que cette rencontre d'à peine quelques minutes allait changer ma vie de jeune entrepreneur, ainsi que celle de Karo, à tout jamais, et qu'elle allait me faire voir le monde des affaires d'un tout nouvel œil, mais j'étais prêt sans le savoir!

UNE SOIRÉE MÉMORABLE

Karolyne et moi avons été conviés à la résidence de Philippe de Gaspé Beaubien III un jeudi de décembre. En nous y rendant en voiture, j'étais particulièrement stressé. J'avais hâte que la soirée débute. C'était la première fois que j'étais personnellement invité chez un ténor de Québec inc. Je ne voulais pas décevoir qui que ce soit. J'étais depuis longtemps amoureux de l'entrepreneuriat, des histoires derrière chaque produit, derrière chaque idée, et je voyais cette occasion comme une chance unique de parfaire mes connaissances. J'ai toujours appris beaucoup plus de mes expériences que des livres, et cette soirée était parfaite à cet égard.

Arrivés à destination, nous avons d'abord été impressionnés par la beauté de la maison. Le décor était superbe ; on se serait cru dans un film. Les fleurs donnaient l'impression d'avoir été placées une par une, les toiles, d'avoir été choisies directement dans les plus grands musées. Les bougies parfumaient l'air d'une odeur des plus agréables. Paradoxalement, malgré notre trac, nous nous sentions à l'aise dans cet environnement, un peu comme si nous savions que cette soirée serait mémorable, comme si nous devancions notre destin. C'était évident : nous étions invités dans un cercle très restreint d'hommes et de femmes d'affaires très puissants, desquels nous apprendrions énormément. Nous sentions, en traversant la porte de cette maison, qu'après tant d'années de défis, nous en étions à une nouvelle étape, et nous étions prêts.

Nous n'étions pas les premiers arrivés. Quelques couples étaient déjà présents, tous des acteurs très connus du monde des affaires, des dirigeants des plus grandes et prestigieuses entreprises du Québec, du Canada et même, pour certains, du monde. Je n'en revenais pas d'avoir la chance de discuter avec ces personnes. Karolyne et moi étions comme des enfants dans une boutique de bonbons. Je connaissais presque tous leur histoire, leurs bons coups, leurs moins bons, et j'étais content d'avoir l'occasion de les rencontrer.

Après quelques cocktails en apéritif (avec PUR Vodka, bien entendu !), nous avons pris place dans la salle à manger pour le repas. Autour d'une immense table ronde pouvant accueillir au moins 16 personnes, nos noms étaient disposés de manière à ce que nous ne soyons pas assis à côté de nos conjoints afin d'encourager la discussion avec la personne à côté de nous. Philippe de Gaspé Beaubien III a commencé par souhaiter la bienvenue à tous, et particulièrement à Karolyne et moi-même. Il a enchaîné en disant qu'il nous avait invités parce qu'il avait entendu mon histoire et qu'il l'avait adorée. Étant lui-même un entrepreneur et un passionné d'entrepreneuriat, il avait été touché par mon cheminement, ou plutôt par ce qu'il en avait entendu, et il tenait à ce que je vienne le raconter à ses invités.

En entendant cette phrase, j'ai failli avaler ma gorgée de vin de travers! Je croyais avoir mal compris... Il venait de dire que je devais raconter mon histoire devant toutes ces personnes, sans préavis, sans préparation! Je croyais que nous discuterions tous ensemble durant la soirée, que nous partagerions nos histoires, que nous parlerions de PUR Vodka, oui, mais aussi d'autres sujets. Je ne m'attendais pas à prendre la parole devant tous les invités! J'ai regardé Karolyne droit dans les yeux pour confirmer ce que je pensais avoir entendu. Pendant deux minutes, j'ai été absolument terrorisé. Je me sentais comme un imposteur devant ces entrepreneurs qui avaient si bien réussi en affaires. Et moi, j'allais leur raconter comment je m'étais battu contre vents et marées afin d'avoir une toute petite chance de réussir! J'allais leur raconter mes histoires de planchers à laver, de fournitures de bureau, de titre de meilleure vodka du monde avant même d'avoir vendu une seule bouteille... J'étais terrorisé, mais je voyais la confiance de Karo dans ses yeux. Je voyais qu'elle *savait,* comme avant ma première conférence, à Trois-Rivières, que je volerais la vedette, que je parviendrais à raconter mon histoire, celle de PUR Vodka, comme il se devait.

Avant de prendre la parole, je me suis dit que j'avais l'occasion de raconter aux convives autour de la table une histoire récente, une histoire qui se déroulait presque directement devant eux. Pour la plupart, leurs débuts étaient déjà assez loin, et je ne savais pas si les défis du démarrage d'une entreprise restaient gravés longtemps dans la mémoire ou si, quand le succès était au rendez-vous, ils disparaissaient. Peu importe, l'occasion était unique, voire pour moi historique : j'étais assis à une table, entouré de personnalités du monde des affaires que je rêvais de rencontrer, et je devais leur raconter mon histoire !

L'heure suivante a été magique. La salle à manger était aussi silencieuse que si nous avions été au milieu d'un immense lac en pleine nuit. Les yeux des invités étaient rivés à ma bouche, et ils attendaient chaque mot qui en sortait ; j'avais leur attention complète. Pendant une heure, je me suis senti comme un chanteur d'opéra que tout le monde écoute en tentant de faire le moins de bruit possible. Je flottais sur un nuage. PUR Vodka était à l'honneur. J'étais fier de moi, fier de Karo, fier de Chris. Nous avions réussi à bâtir une belle entreprise, une compagnie avec une histoire, avec un produit de qualité. J'ai ressenti, pendant ma présentation, un sentiment de grandeur, pas pour moi, mais pour PUR Vodka, un sentiment que je n'avais jamais ressenti auparavant, un peu comme si j'étais sur un bateau à voile et que le vent changeait de direction.

Ma dernière phrase à peine terminée, les questions ont fusé de toutes parts. Tout le monde avait adoré ma présentation et voulait en savoir plus ! Pendant plus d'une autre heure, Karo et moi avons répondu aux questions. Je donnais beaucoup de détails, car je tenais à expliquer mon parcours, les difficultés, pour un jeune entrepreneur, de se lancer en affaires. Toutes les personnes présentes pouvaient faire une différence dans leur milieu respectif, pouvaient, grâce à leur réseau, encourager le jeune entrepreneuriat et faire en sorte que le chemin vers le succès soit plus aisé. J'ai littéralement sauté sur l'occasion de m'exprimer non seulement pour moi, mais pour tous les jeunes entrepreneurs qui en arrachent!

En rentrant à la maison, j'étais épuisé mentalement, mais surtout émerveillé. Je n'en revenais pas de la soirée qui venait de se dérouler et de comment une simple invitation à un repas nous avait amenés à vivre, Karolyne et moi, une expérience incroyable qui, selon moi, changerait une fois de plus le futur de PUR Vodka.

J'avais vu juste puisque, quelques jours après cette soirée, j'ai reçu un appel d'un des hommes les plus riches et influents du Canada. À l'autre bout du téléphone, ce n'était pas son assistante, pas un employé, c'était lui! Quand il s'est présenté, je n'y croyais tout simplement pas. C'était un investisseur majeur de diverses entreprises depuis des années. Sa famille avait fait fortune dans le monde des alcools. Il n'était pas présent à cette fameuse soirée chez Philippe de Gaspé Beaubien III, mais un des invités lui avait parlé de moi et lui avait fortement conseillé de me joindre. Il voulait me rencontrer. J'étais surpris, très surpris, mais j'ai accepté immédiatement. En raccrochant, je me suis pincé pour être sûr que je ne rêvais pas. Mon nom circulait parmi les plus grands hommes d'affaires du pays, et l'un d'eux voulait me rencontrer! Je ne connaissais pas la raison exacte de cette rencontre, mais je me doutais que ce n'était pas pour parler de la température!

L'homme d'affaires en question m'avait donné rendez-vous à ses bureaux du centre-ville de Montréal. Des bureaux superbes, surplombant la ville. Des murs remplis d'œuvres d'art, remplis d'histoire. J'étais beaucoup moins nerveux que je pensais l'être. La rencontre a été très cordiale. Il m'a posé beaucoup de questions sur la compagnie, sur ma vision, sur ce que je prévoyais pour PUR Vodka. J'étais heureux d'avoir la chance de rencontrer cet homme influent. Je sentais que j'avais franchi une étape symbolique dans le monde des affaires et que tout le travail que j'avais fait était finalement reconnu. Oui, l'entreprise allait bien, oui, PUR Vodka était sur toutes les lèvres, mais je voulais aussi être pris au sérieux en tant qu'entrepreneur. Cette rencontre m'a conforté dans l'idée que j'avais atteint ce but : on me prenait maintenant au sérieux, on ne me voyait pas juste comme « le jeune qui fait de la vodka », mais comme un entrepreneur qui avait fondé une entreprise à succès.

CATASTROPHE !

Au même moment, nous étions très occupés à préparer notre lancement dans le reste du Canada. Nous avions finalement réussi à stabiliser notre approvisionnement à la SAQ et nous étions prêts pour la conquête de l'Ouest. Malgré tous les défis que j'avais rencontrés ces dernières années, je commençais à cesser de toujours m'attendre au pire, à un refus quelconque ou à une autre sorte de malchance. Avec l'arrivée de nouveaux investisseurs assurant une stabilité et une croissance majeure de la production et grâce aux superbes relations que j'avais nouées dernièrement grâce à la générosité de Philippe de Gaspé Beaubien III, je me sentais bien, j'avais confiance dans le futur. Nous avions de grands projets.

Évidemment, c'est au moment où on s'y attend le moins que les pires catastrophes surviennent, quand on croit être sorti du pétrin qu'une tuile de plus nous tombe sur la tête. Je me souviens de cet appel de malheur comme si c'était hier. Nous venions de terminer une de nos plus grosses productions depuis nos débuts. Plus de 35 000 bouteilles attendaient d'être livrées à la SAQ. Notre fournisseur m'a appelé tôt un mercredi matin. J'avais l'habitude qu'il me téléphone pour me parler d'horaires, d'embouteillages, de réception de marchandise ou de tout autre sujet concernant la production de notre vodka. Cette fois-ci, pourtant, dès ses premières paroles, son ton et ses hésitations m'ont fait craindre le pire. Une erreur avait-elle été commise par un employé à la distillerie? Quelqu'un s'était-il blessé? Fallait-il retarder la livraison à cause d'un embouteillage? C'était pire. Nous avions été victimes d'un vol. Notre fournisseur m'a appris que, pendant la nuit, des voleurs étaient entrés dans l'entrepôt où se trouvaient les caisses et qu'ils étaient partis avec plusieurs d'entre elles. J'étais hors de moi. Premièrement parce que le système de sécurité avait été déficient, mais surtout parce qu'après des années de problèmes d'approvisionnement, nous *commencions* à produire juste assez pour la SAQ et que ce n'était surtout pas le temps que ça arrive! Mais ce n'était pas tout. J'ai demandé à notre fournisseur de faire un inventaire exact du nombre de caisses qu'il nous restait en entrepôt. De cette façon, je pourrais déduire le nombre de caisses que nous nous étions fait voler. Lorsqu'il m'est revenu, j'ai failli avoir un arrêt cardiaque. J'ai cru que le ciel venait de me tomber sur la tête. Les voleurs étaient partis avec plus de 800 caisses... 800 caisses! C'était la catastrophe.

J'étais en furie. Nous venions de nous faire voler près de 10 000 bouteilles. Les voleurs étaient partis avec une dizaine de palettes qui devaient être livrées à la SAQ le lendemain... Par où commencer, que faire dans cette situation? Nous nous attendions à tout, sauf à un vol de cette envergure. Nous nous attendions à briser quelques caisses pendant le transport, à peut-être nous faire voler quelques bouteilles par des employés peu scrupuleux... mais nous faire voler une production presque entière, jamais. J'étais désespéré. Ce vol nous retardait de plusieurs mois. Nous devions non seulement encaisser une perte de revenus, subir une autre rupture de stock, mais aussi recommencer une production au plus vite et annuler notre lancement imminent dans le reste du Canada. C'était une catastrophe, un véritable enfer sur Terre. J'avais vécu des revers, des refus, des mauvais coups au fil des ans, mais ça, jamais. Juste à imaginer que des imbéciles me faisaient ça, pas juste à moi, mais à Karolyne, à Christopher et à mes partenaires Hillel et Morris, j'étais furieux. Après toutes ces années de travail, de sacrifices, nous nous faisions couper les ailes par des vauriens.

Les semaines, voire les mois suivants ont été épuisants. L'enquête policière ne menait nulle part, et les assurances faisaient tout, sauf nous faciliter la vie. Nous étions en gestion de crise et nous devions bouger vite. Nous ne pouvions nous permettre de perdre trop de temps; il fallait agir, la situation était critique, nous avions le dos au mur. Je suis fier de dire que nous avons réussi à faire l'impossible avec le minimum. En effet, nous avons maintenu nos ventes grâce à un transfert de caisses de succursale en succursale, un véritable jeu de Tetris! Dès qu'il manquait des bouteilles dans une de nos meilleures succursales de la SAQ, nous allions en chercher dans d'autres moins performantes afin d'éviter de perdre des ventes. Nous faisions tout pour garder le cap, pour ne pas laisser cette situation nous affaiblir.

On dit souvent que ce sont les épreuves qui rendent plus fort. C'est vrai. Même si ni notre équipe ni moi n'avions besoin de vivre cette épreuve, étonnamment, nous sommes tous ressortis plus forts de cette expérience catastrophique. Je ne compte pas les heures supplémentaires, le nombre d'appels aux fournisseurs que nous avons dû faire afin de garder la situation sous contrôle. Plusieurs mois ont été nécessaires afin de nous remettre de ce vol, mais nous y sommes parvenus, et nous sommes devenus une équipe encore plus soudée, plus forte. Nous étions revenus au niveau où nous étions juste avant le vol et nous recommencions à planifier le futur. Cependant, malgré les efforts des enquêteurs, à ce jour, nous n'avons toujours pas identifié les voleurs avec certitude ni retrouvé une seule de nos bouteilles. Même si les policiers ont une bonne idée des coupables potentiels, le manque de preuves rend l'enquête bien complexe.

UN PARTENAIRE PRÉDESTINÉ

Pendant ce temps, je me rapprochais de plus en plus de Philippe de Gaspé Beaubien III et de sa femme, Nannette. Autant Karolyne que moi nous sentions à l'aise avec eux. Ils n'hésitaient pas une minute à nous inviter à divers événements et à nous présenter des personnes clés afin de créer des liens pour de futurs partenariats. Après quelques soirées passées à leurs côtés, j'ai compris la véracité et l'importance de la phrase « Ce n'est pas ce que tu connais, mais qui tu connais ». Je dirais même que je découvrais un univers où les réseaux de relations étaient primordiaux, un univers que j'étais privilégié d'intégrer.

Avec PUR Vodka, nous en étions déjà à l'étape où une deuxième phase de financement était nécessaire. Cette fois-ci, la donne avait changé. Les banques, vu notre succès, étaient beaucoup plus ouvertes à travailler avec nous. Certains fonds publics nous faisaient de l'œil, ainsi que quelques investisseurs privés. Nous avions un choix à faire : soit nous continuions de bâtir notre entreprise au rythme actuel, soit nous passions, une nouvelle fois, à la vitesse supérieure. C'était une décision très importante.

Après quelques rencontres pour en discuter, le choix nous est apparu évident : à l'instar de beaucoup de jeunes entreprises qui connaissaient une forte croissance et rencontraient des défis à la tonne, le chemin le plus rapide vers la croissance, l'acquisition de clients et le développement de marchés passaient par des rondes de financement. Nous avions donc besoin d'un investissement financier. Surtout, nous avions le souhait de trouver un partenaire qui nous propulserait dans un autre univers et qui n'hésiterait pas à tout faire pour nous ouvrir des portes et nous permettre de nous rendre à un autre niveau. Pour ma part, dès le début des discussions, mon choix était fait. J'ai tout de même décidé de rencontrer toutes les personnes intéressées par le projet; j'aurais été fou de ne pas le faire. Finalement, autant Christopher, Karolyne que moi voyions Philippe de Gaspé Beaubien III comme le partenaire idéal. Nous le connaissions maintenant depuis plus d'un an, nous avions participé à plusieurs des événements qu'il avait organisés et nous avions constaté l'étendue impressionnante de ses connaissances et de son réseau de relations à l'international. De toute évidence, il était celui dont nous avions besoin pour nous catapulter vers de nouveaux sommets. Les négociations avec Philippe de Gaspé Beaubien III se sont faites très rapidement. Notre association était écrite dans le ciel depuis ce fameux premier repas. Comme il me l'avait dit avec son énergie contagieuse ce soir de décembre, « *sky's the limit* »!

Aujourd'hui, grâce au travail acharné de notre équipe ainsi qu'à cette dernière entente, nous voyons le futur avec de grandes ambitions. Dès les balbutiements de PUR Vodka, j'ai tenu à bâtir une entreprise qui serait un succès planétaire, et pas seulement local. Je rêvais de produire une vodka qui serait dégustée de New York à Shanghai, de Paris à Sydney, et nous approchons de ce jour à grands pas. J'ai toujours été très prudent quant à l'exportation. J'ai trop vu d'entreprises pressées d'exporter avant d'y être prêtes et tout perdre. J'attendais le bon moment avant de foncer, et nous y sommes. Au cours des prochaines années, PUR Vodka fera son entrée sur différents marchés à travers le monde. Avec la réputation d'offrir une des meilleures vodkas du monde, nous avons le vent dans les voiles et avons confiance dans notre succès à l'étranger. Le temps est également venu pour nous de lancer un deuxième produit à l'automne 2015, cette fois-ci un gin : Romeo's gin. Un produit et un univers totalement différents, mais ô combien motivants ! Un produit que je voulais lancer dès le début, mais que j'ai dû mettre de côté afin de me concentrer sur le lancement de PUR Vodka. Il s'agit d'un gin différent, très innovateur, qui, j'en suis certain, sera également un succès planétaire.

Pour ce qui est de mon rêve de suivre des cours sur le monde des affaires, je n'ose plus m'inscrire à aucune université... On va me rappeler qu'il y a une dizaine d'années, je n'avais pas de bonnes notes ! Je ne ferme pas totalement la porte, mais je peux vous garantir une chose : je ne fais plus de demandes d'admission, je ne sollicite plus de lettres de recommandation à qui que ce soit et je ne remplis plus d'interminables formulaires. Un de mes rêves est de donner un cours à l'université afin d'aider ceux et celles qui veulent se lancer en affaires dans leur préparation : j'ai tant de choses à leur dire ! On verra où la vie me mènera, mais une chose est sûre : si une université veut de moi, elle devra me faire signe !

PARTIE

L'ENTREPRENEURIAT...
UNE
PASSION

CHAPITRE 9

SOUS LES PROJECTEURS

Je suis reconnaissant à tous ceux qui m'ont dit NON.
C'est grâce à eux que je suis moi-même.

– Albert Einstein

Jamais je n'imaginais faire un jour des conférences aux quatre coins de la province, et même du pays. Plus jeune, je n'aimais pas du tout m'exprimer devant une foule. Encore moins seul sur une scène dans un événement qui me mettait en vedette ! Ces dernières années, PUR Vodka a remporté de prestigieuses médailles à travers la planète et a reçu beaucoup d'attention médiatique. La plupart des journalistes me posaient les mêmes questions concernant notre produit, notre industrie, notre succès, mais n'allaient pas en profondeur. C'est un article paru dans *Le Quotidien* de Chicoutimi en octobre 2013 qui a renversé la vapeur. Le titre de l'article était : « Nicolas Duvernois livre ses secrets. » C'était la première fois qu'un journaliste s'attardait à l'histoire derrière PUR Vodka. Il m'avait posé des questions beaucoup plus personnelles, beaucoup plus poussées que d'habitude. Il voulait en savoir plus sur l'entrepreneur, ce qui me motivait, ce qui m'avait fait choisir l'entrepreneuriat, et plus spécifiquement sur comment je m'y étais pris.

Quelques jours après la parution de cet article, je me suis aperçu de la force de notre histoire. J'ai compris la force du *storytelling*, c'est-à-dire d'une histoire bien racontée. L'article avait été partagé des centaines de fois sur les réseaux sociaux, et tout le monde m'en parlait. On a même commencé à me solliciter pour donner des conférences. Après tout, on aime tous les symboles, les histoires qui finissent bien. Pourquoi ne pas mettre la nôtre de l'avant ? PUR Vodka raflait tout sur son passage, nous étions l'une des meilleures vodkas du monde. Pourquoi ne pas aussi révéler l'histoire derrière cette réussite, le chemin sinueux que nous avions dû emprunter afin de nous rendre où nous étions ? On éprouve tous de la fascination pour Guy Laliberté, le cracheur de feu de Baie-Saint-Paul devenu le roi du cirque. On adore Cora Tsouflidou, la mère de famille qui, pour s'en sortir, a décidé d'ouvrir un restaurant de déjeuners. Et que dire de Jean Coutu, qui a décidé de réinventer la pharmacie traditionnelle ? La question était simple : pourquoi attendre des dizaines d'années avant de raconter mon histoire et celle de PUR Vodka ? Je suis bien loin – à des années-lumière – de ces trois monuments de Québec inc., mais je me disais qu'on commence tous quelque part et qu'entre l'idée et le produit fini, il y a tant de chemin parcouru. Il fallait que j'en parle, que je raconte mon parcours; je ne voulais plus le garder pour moi. Il fallait que je donne des conférences.

Pour moi, donner des conférences apparaissait aussi comme une manière de promouvoir le jeune entrepreneuriat. On se lance tous avec un rêve, une idée en tête sans trop savoir ce qui nous attend. Au fil des années, on emprunte des chemins tous plus différents les uns des autres, plus tortueux qu'on imaginait. On passe par toutes les gammes d'émotions, de la joie à la tristesse, du stress à la colère. Pourtant, ce que tout le monde voit, c'est le travail fini. Avec mes conférences, je voulais mettre au jour ces différentes histoires, ces différents parcours afin de montrer au monde l'autre côté de l'entrepreneuriat. Un côté plus humain, plus vrai, plus cru que ce qu'on a l'habitude de voir. Je voulais donner une voix, un visage à toutes ces histoires qui se déroulent trop souvent dans l'anonymat le plus complet.

Je me rendais bien compte que mon histoire entrepreneuriale intéressait les gens, alors j'ai décidé de m'ouvrir. C'était le temps. Je venais de vivre des années d'émotions en montagnes russes. J'avais vécu le plus bas et le plus haut : des moments où mon compte était vide pendant des mois et où, sans Karolyne, ses parents et ma famille, je n'aurais littéralement pas pu manger et, d'un autre côté, le moment où j'ai remporté le titre de la meilleure vodka du monde. Inutile de dire que des millions de kilomètres séparent ces deux réalités ! J'avais envie de partager mon expérience, de raconter mon histoire afin de montrer qu'avant les beaux voyages, les belles voitures, les belles maisons et la réussite financière, souvent, très souvent, il y a l'inverse.

Les articles après celui du *Quotidien* mettaient toujours autant l'accent sur PUR Vodka, mais avec une variation : on racontait maintenant aussi l'histoire derrière le produit, le chemin parcouru. Ça a été, dès le début, un réel succès. Nous recevions de plus en plus de demandes d'entrevue. Nous n'avions pas réinventé la roue ou trouvé de remède miracle, mais notre histoire rejoignait les gens. Nous touchions des cordes sensibles. Nous devenions une entreprise humaine, avec une vraie histoire, pas une histoire inventée par une agence de pub.

Peu de temps après, les demandes de conférences ont commencé à affluer. J'en recevais de partout. On voulait entendre notre histoire. Pour m'aider à gérer ce nouvel aspect de ma vie professionnelle, j'ai immédiatement pensé à Anne Marcotte. Je m'étais très bien entendu avec elle lors de l'aventure de *VoirGRAND.tv*, elle-même donnait beaucoup de conférences et j'avais entièrement confiance en elle. Je savais qu'elle était la personne parfaite pour gérer ces demandes. J'avais une compagnie à diriger ; je ne pouvais donc pas devenir conférencier à temps plein. Mais je ne pouvais pas non plus passer à côté de cette double occasion : promouvoir PUR Vodka *et* ma deuxième passion, l'entrepreneuriat. Car derrière cette histoire se trouvait un mot clé : « entrepreneur ». J'étais devenu un entrepreneur et j'avais développé une véritable passion pour cet univers. Comme Obélix, j'étais tombé dans la marmite, et c'était maintenant dans mon sang. L'entrepreneuriat était entré dans ma vie et je ne pouvais, ni ne désirais, m'en débarrasser.

MON ENTRÉE EN SCÈNE

Après quelques discussions avec Anne, j'ai décidé de me mettre à l'écriture et d'essayer de monter une conférence en bonne et due forme. Un peu comme quand j'avais bâti mon plan d'affaires, je me retrouvais face à une feuille blanche. Heureusement, le titre de ma conférence est rapidement venu : « Entrepreneur à l'état PUR. » Pour le reste, je ne voulais pas faire comme les autres : promettre la richesse, l'amour ou le secret du succès en cinq étapes. Je voulais que ça vienne du cœur, raconter une histoire pleine d'anecdotes, d'émotions. En fait, je ne pouvais pas faire autrement. J'aspirais à ce qu'on sorte de ma conférence inspiré, motivé à faire son propre chemin, à créer sa propre histoire. Je crois qu'on est le seul maître de sa destinée, et je n'aimais pas les conférences aux recettes miracles du genre d'« il suffit d'y croire… » N'importe quoi ! Je n'ai jamais compris l'engouement pour les « conférenciers motivationnels » ou les « *coaches* de vie » qui promettent mer et monde en une heure.

J'ai donné ma première conférence peu de temps après. Je m'en souviens comme si c'était hier. C'était lors d'un Grand déjeuner d'affaires COGECO de la Chambre de commerce et d'industries de Trois-Rivières, l'une des chambres de commerce les plus actives du Québec. Plus de 300 personnes avaient confirmé leur présence – une participation record ! – et, pour me rajouter un peu de stress, des caméras me suivaient partout depuis quelque temps pour le tournage d'un documentaire télé. J'étais arrivé la veille à Trois-Rivières avec Karolyne et nous avions décidé d'aller manger au restaurant afin de me changer les idées. J'étais stressé, très stressé. Même si c'était mon histoire que j'allais raconter, je ne me sentais pas du tout à l'aise avec ce que j'avais préparé.

Après le repas, dans la chambre de l'hôtel Delta, j'ai demandé à Karolyne si je pouvais lui lire ma conférence. J'étais terrifié. C'était la première fois que je la présentais à quiconque et, même si Karolyne connaissait toute l'histoire puisqu'elle avait vécu chaque seconde des dernières années à mes côtés, j'étais anxieux de m'ouvrir. Malgré le fait que je travaillais à ma conférence depuis près de deux mois, je ne lui avais encore rien lu, certainement à cause de la peur que ses commentaires ne soient pas ceux que je voulais entendre. J'ai commencé à parler sans grande conviction, sans réelle passion. Après une dizaine de minutes, Karolyne m'a arrêté et m'a posé une question : « Pourquoi est-ce que tu ne restes pas tout simplement naturel ? Raconte l'histoire de PUR Vodka comme si tu la racontais à un ami. Pourquoi est-ce que tu cherches à compliquer les choses ? Reste juste toi-même. C'est ça que les gens aiment de toi, ton authenticité. » C'était exactement ce que je craignais d'entendre à 23 h la veille de la conférence mais, au fond de moi, je savais que c'était exactement ce que je devais faire. Être vrai.

Le lendemain matin, j'étais à la limite de la crise cardiaque. J'avais très mal dormi ; j'avais réfléchi aux commentaires de Karolyne toute la nuit. Il était trop tard, je ne pouvais rien changer : j'avais une conférence d'environ 45 minutes à donner, 6 ou 7 pages de préparées, 300 personnes qui attendaient et des caméras qui me suivaient partout... Je voulais mourir ! J'essayais de le cacher, mais je n'avais jamais été aussi anxieux de toute ma vie. J'étais convaincu qu'en plus de m'humilier devant 300 personnes, j'allais le faire devant mon agente, Anne Marcotte, ainsi que Karolyne et sa mère, Danielle, qui était venue de Québec pour l'occasion...

Lors de ma présentation par la présidente de la chambre, je suis littéralement entré en mode survie. Je suis monté sur scène en ne sachant pas trop ce que j'allais dire ou faire. Puis j'ai décidé que le seul moyen de faire quelque chose de bien était d'être moi-même. Je ne devais pas essayer de vendre ce que je n'étais pas ou faire croire que réussir en affaires, c'est une histoire de secret ou d'étapes. Je raconterais mon parcours d'entrepreneur. Un parcours imparfait, oui, mais vrai. L'histoire rocambolesque d'un jeune qui veut réussir. Une histoire qui commence avec une première expérience catastrophique en affaires et qui transporte l'auditoire du rire à la tristesse, du stress au soulagement, comme pour toute bonne histoire entrepreneuriale. Karolyne avait raison : être moi-même lors de cette conférence était la meilleure chose à faire. Je n'ai pas regardé mes feuilles une seule fois, pas suivi une minute la présentation PowerPoint que j'avais préparée ; j'étais moi-même. Je me sentais libre. À chaque mot que je prononçais, à chaque blague que je faisais, je me sentais en contrôle. Ma conférence a été un succès incroyable. Pendant une heure, pas une personne n'a bougé de la salle. Même le caméraman a oublié de filmer certaines parties ! J'étais soulagé : j'avais réussi mon entrée en scène.

LA DÉCOUVERTE D'UN UNIVERS

Comme après l'article du *Quotidien,* après ma conférence à Trois-Rivières, les demandes ont afflué. Je découvrais un nouveau monde, celui des conférences, des chambres de commerce, des regroupements d'affaires, bref, un univers entier s'ouvrait à moi. De conférence en conférence, j'ai pris de plus en plus d'assurance. Au début, on a peur, on doute, on ne sait pas trop comment l'auditoire va réagir. Après quelques expériences, on commence à voir ce qui fonctionne bien et ce qui touche moins. C'est seulement après quatre ou cinq conférences que j'ai complété ma présentation. Je tenais à bien la ficeler. Je voulais faire un maximum d'effet, atteindre un maximum de personnes. Et ça fonctionnait : mon calendrier se remplissait à vue d'œil et je devenais un des conférenciers les plus populaires de la province !

Pour moi, il est très important, à la fin de chaque conférence, de réserver une période libre où les participants peuvent me poser leurs questions. J'aime particulièrement le moment où on rentre encore plus dans le vif du sujet ! Les questions portent généralement sur toutes les sphères que j'ai abordées en conférence mais, indépendamment de qui est composé l'auditoire – une majorité de jeunes ou de retraités, des habitants de Val-d'Or ou de Québec... –, certaines reviennent fréquemment.

Vous trouverez dans les pages suivantes les questions qu'on me pose le plus souvent lors de mes conférences. Des questions venant des quatre coins de la province et qui, selon moi, sont toutes excellentes, mais auxquelles il est difficile de répondre en cinq minutes. Je saisis donc ici l'occasion d'y répondre plus en profondeur.

CHAPITRE 10

QUESTIONS ET RÉPONSES

La réponse était oui, mais quelle était la question ?

– Woody Allen

Comment savoir si l'entrepreneuriat est pour moi ?

Cette question revient sans cesse. Aujourd'hui, le mot «entrepreneuriat» est de toutes les tribunes. On en parle, on en veut. Des émissions de télé et de radio ainsi que des revues spécialisées portent sur le sujet, il est sur toutes les lèvres, bref, l'entrepreneuriat est à la mode. Beaucoup de gens s'imaginent un jour devenir entrepreneurs. Beaucoup veulent se lancer en affaires sans trop savoir de quoi il retourne réellement. Au début de presque chacune de mes conférences, peu importe l'auditoire, je pose cette question : «Qui veut se lancer en affaires ou l'est présentement?» Vous seriez surpris de constater que la grande majorité des mains se lèvent. Cette réponse est aussi bizarre que si je posais la question «Qui veut devenir pompier ou l'est présentement?» et que la plupart des gens levaient la main. Vous voyez où je veux en venir... Comme pour tout choix de carrière, l'entrepreneuriat n'est pas pour tout le monde. Tout comme ce n'est pas pour tout le monde d'être infirmier, avocat ou menuisier, il est faux de croire que tout le monde peut se lancer en affaires. Ce n'est pas une question d'être meilleur que d'autres ou plus intelligent que son voisin ; c'est qu'une société ne peut pas comporter que des entrepreneurs. Il lui faut aussi des employés, des professionnels, des policiers, des juges, des cuisiniers... bref, il faut de tout! Il faut éviter de se lancer en affaires parce que c'est à la mode. Oui, on a besoin de beaucoup plus d'entrepreneurs, mais on a également besoin de beaucoup plus de tout! On n'est pas obligé de vouloir se lancer en affaires.

Pour moi, l'entrepreneuriat représente la liberté d'être moi-même. Avant de découvrir cet univers, je ne savais pas trop ce que je voulais faire : joueur de basket, architecte, journaliste... J'avais des champs d'intérêt, certaines passions, mais rien n'était dominant. Jamais je ne me suis dit : «C'est ce que je veux faire!» Avec mon parcours scolaire un peu chaotique, je n'ai pas été formé pour occuper tel ou tel emploi ; c'était à moi de trouver ma voie. En découvrant l'entrepreneuriat, j'ai découvert un univers de création, d'imagination, d'exploration ; je me suis immédiatement senti interpellé. Avoir une idée et la réaliser, créer un concept de A à Z… je trouvais les possibilités infinies et sans limites. J'adorais le fait qu'il n'y avait pas *un* chemin précis pour réussir. C'était la revanche parfaite pour un étudiant qui se cherchait.

Comme entrepreneur, on ne trouve de chemin tout tracé dans aucun livre quand les portes se ferment une à une. Il faut se débrouiller. Personne ne peut nous apprendre comment créer, comment avoir une idée. On oublie d'ailleurs trop souvent qu'un entrepreneur est un artiste. Sa matière première, ce sont ses idées. Il ne dessine, ne danse, ne peint sans doute pas, mais son art, ce sont ses idées. Comme un compositeur qui crée une mélodie ou une chanson, l'entrepreneur crée sa compagnie, développe son idée. Ce *feeling* est pour moi la meilleure des sensations. Ce que j'aime particulièrement du monde des affaires, c'est qu'on n'a pas besoin d'être le plus grand, le plus rapide ou le plus fort pour y percer. On n'a pas besoin d'avoir les meilleures notes, d'être accepté dans telle ou telle école ou que les autres croient en nous, non… On a juste besoin d'une idée, de bien se préparer et de persévérer.

Chez la plupart des personnes que je rencontre, c'est la peur de l'inconnu, la peur de ne pas savoir ce qui les attend qui les empêche de faire le grand saut. On aime tous la sécurité que procure un emploi stable, la certitude de recevoir un salaire, la routine du quotidien ; ça nous rassure, nous réconforte. Mais en affaires, surtout au début, c'est tout le contraire ! Il ne faut surtout pas croire que fonder une entreprise sera de tout repos. Se lancer en affaires est avant tout une question de personnalité et de tolérance au risque. Pour certains, par exemple, l'idée de ne pas avoir d'horaire fixe ou de revenu stable n'est tout simplement pas une option. Pour d'autres, le risque fait partie du quotidien et ils vivent très bien avec la possibilité de travailler des heures, des mois, des années sans aucune certitude.

Mais attention! Chaque cas est différent et chaque entrepreneur emprunte son propre chemin. Il n'y a pas de recette miracle, et aucun livre au monde ne donne *le* secret pour réussir. Donc avant de se lancer en affaires, il est important de se poser des questions: quels sont mes objectifs? Suis-je convaincu de la valeur de mon projet? Quels obstacles suis-je prêt à surmonter pour réussir? Il est également important de bien se connaître ainsi que de connaître ses limites, ses forces... et surtout ses faiblesses, afin de savoir comment les pallier. Enfin, il est impératif de se préparer adéquatement, de concevoir un plan d'affaires, d'avoir un plan B, une direction précise... Négliger cette préparation, comme je l'ai cruellement appris avec mon restaurant, peut être fatal.

Lorsque j'ai remporté la troisième saison de *VoirGRAND.tv*, j'ai eu l'honneur d'être invité comme juge lors de la tournée des auditions de la quatrième saison. J'ai eu la chance de parcourir le Québec et de juger près de 200 entrepreneurs. Un constat s'est imposé à moi: beaucoup de gens fondent une entreprise sans plan d'affaires, sans direction. Peu importe la valeur de leur idée, leur façon de vendre leur produit ou la qualité de celui-ci, sans plan de match, ils étaient voués à l'échec, et ce, même s'ils avaient investi toutes leurs économies personnelles dans leur projet. Ça me faisait mal au cœur de voir des personnes intelligentes, gentilles et courageuses se battre sans les armes nécessaires. Je ne le répéterai jamais assez: pour réussir en affaires, il ne suffit pas de créer un produit ou de développer une idée; il faut se préparer.

Enfin, je crois sincèrement que l'entrepreneuriat est en majeure partie inné. On peut apprendre à déchiffrer ses états financiers, à bien gérer les horaires de ses employés, à mettre en place de bonnes techniques de gestion mais, selon moi – et ça fera grincer bien des dents –, on n'apprend pas à être entrepreneur ; on peut apprendre à devenir un *meilleur* entrepreneur, mais pas à l'être. Aucun livre ne peut prétendre enseigner l'entrepreneuriat, c'est impossible. Enseigner comment avoir une idée qui avec le temps deviendra une entreprise prospère l'est tout autant. C'est un peu comme pour le chant : peu importe le nombre de cours que je suivrai, et même si Céline Dion est ma professeure de chant, je ne pourrai jamais devenir chanteur ; je n'ai tout simplement pas ce talent. On l'a ou on ne l'a pas.

Donc, si on se demande si l'entrepreneuriat est pour soi ou pas, c'est sans doute déjà un signe. Pour ma part, dès que j'ai réalisé que l'entrepreneuriat était une option, je me suis senti gagné par une sensation indescriptible. Je ne me suis pas demandé si l'entrepreneuriat était pour moi, mais plutôt par où commencer dans cet univers si palpitant.

Pour conclure, voici une définition de l'entrepreneuriat que j'aime beaucoup et qui vient du professeur Jeffry Timmons, du Babson College, une école de commerce américaine prestigieuse :

> Un entrepreneur est «quelqu'un qui n'agit pas en fonction des ressources qu'il contrôle actuellement, mais qui poursuit inlassablement une occasion».

Quel a été ton plus grand défi ?

La vie d'entrepreneur est remplie de défis. Peu importe le stade où en est notre entreprise, des balbutiements aux plus grandes transactions, le chemin en est parsemé. Certains sont plus faciles à surmonter que d'autres, certains reviennent périodiquement, mais peu importe l'industrie dans laquelle on se trouve, les défis font partie du quotidien. J'ai d'ailleurs récemment lu dans un article qu'être entrepreneur, c'est de constamment gérer son entreprise entre deux défis. Un problème est à peine réglé qu'un autre se pointe ! Voici néanmoins quelques-uns des défis auxquels tout entrepreneur devra faire face :

La recherche d'information. Dans un monde où les sources d'information fusent de toutes parts et où son accès est plus facile que jamais, étonnamment, la recherche de la *bonne* information est un défi. On peut naviguer longtemps sur Internet avant de tomber sur la bonne information, et ce, peu importe l'industrie dans laquelle on décide de se lancer. Il n'existe pas de guide où trouver les réponses à nos questions. Ce serait trop beau ! Un des plus grands défis de tout entrepreneur est donc de dénicher l'information qui lui permettra de prendre la meilleure décision. Pour ma part, je me rappelle avoir mis des mois à bâtir mon plan d'affaires et que, très souvent, j'avais de la difficulté à trouver ce que je cherchais.

L'incertitude. La peur de l'échec peut parfois nous bloquer et nous empêcher d'avancer. Dans mon cas, j'étais prêt à prendre des risques. Je voulais me lancer en affaires. J'y retrouvais la même sensation que dans le sport. Quand je jouais au basket, chaque match était différent. Peu importe la qualité de l'équipe contre laquelle nous jouions, il n'y avait aucune certitude : nous pouvions gagner ou perdre. L'incertitude était constante, et c'est ce sentiment qui nous poussait à nous entraîner le plus possible. Nous n'avions aucune garantie, mais nous essayions de nous donner le plus de chances possible. Il ne faut jamais oublier qu'en sport comme en affaires, quand on se tourne les pouces et qu'on n'est pas en train de s'améliorer, notre compétiteur, lui, s'entraîne à nous battre.

Le financement. Pour la très vaste majorité des entrepreneurs, le financement est certainement le plus imposant des défis. Non seulement il faut trouver la bonne idée, le bon produit, bâtir le meilleur des plans d'affaires, être le meilleur vendeur du monde et se tenir prêt à toute éventualité, mais il faut avant tout pouvoir compter sur du financement puisque, malheureusement, sans financement, on ne va pas très loin ! C'est une triste réalité qui est inévitable. Bien qu'il existe une panoplie de ressources pour amener un entrepreneur à se jeter dans l'arène, les ressources financières pour l'aider à démarrer, elles, sont limitées.

La conciliation travail-famille. Disons-le franchement, cette conciliation n'existe que sur papier. Quand on se lance en affaires, c'est le moment de mettre les bouchées doubles, voire triples ; ce n'est pas le moment de pique-niquer sur la montagne avec sa famille. Bien qu'il soit primordial de conserver l'unité familiale intacte, ça reste très difficile. L'entrepreneuriat n'est pas un emploi ; c'est un choix de vie. Quand j'entends de jeunes entrepreneurs se plaindre qu'ils n'ont pas pris de vacances pendant l'hiver, je me dis qu'ils vont trouver le temps long dans les années à venir ! Comme entrepreneur, on doit être conscient que vivre avec nous représente un défi pour nos proches. Malheureusement, un entrepreneur n'arrive que très rarement à faire le vide complet et à rentrer à la maison sans préoccupations, sans stress. Selon moi, en affaires, la conciliation travail-famille, c'est d'essayer le plus possible de ne pas transmettre notre énergie négative à nos proches.

Bien s'entourer. Je le répète souvent : une des pires erreurs que j'ai faites en ouvrant un restaurant avec trois partenaires n'est pas nécessairement que nous étions trois amis, mais surtout que nous n'étions pas du tout complémentaires. Nous ne comprenions pas l'importance de répartir les tâches selon nos forces et nos faiblesses. Nous étions des partenaires « supplémentaires » qui se marchaient sur les pieds. Nous essayions de tout faire sans rien faire de réellement bien... Il faut choisir des partenaires partageant notre vision, ce qui implique aussi de refuser les offres de ceux qui ne veulent pas aller dans la même direction que nous. Savoir s'entourer est un art. Et pas seulement dans le choix de partenaires d'affaires, mais dans toutes les sphères de l'entreprise, comme dans l'embauche des employés ou le choix des professionnels (avocats, comptables...) avec qui travailler efficacement. Une entreprise est exactement comme une équipe de sport. On ne peut pas tous attaquer ou défendre. On ne peut pas tous jouer en même temps. Il faut un bon capitaine qui sache tout orchestrer.

Quelles sont les qualités nécessaires à un entrepreneur?

Il est très difficile de répondre à cette question qui revient sans cesse étant donné qu'aucun entrepreneur n'est pareil, qu'aucun ne travaille de la même manière. Cependant, selon moi, certaines qualités permettent de se lancer en affaires avec un léger avantage. Les voici:

Être à l'affût. La vie quotidienne est la première source d'idées de beaucoup d'entrepreneurs. Il faut donc demeurer à l'affût. On ne sait jamais quand on tombera sur *la* fameuse idée qui changera notre vie. Sans mon observation sur la popularité de la vodka à mon restaurant, PUR Vodka n'existerait pas. C'est parce qu'il ne parvenait pas à faire entrer une table dans son coffre de voiture et qu'il avait dû en enlever les pattes qu'Ingvar Kamprad, le fondateur d'IKEA, a décidé de créer une entreprise de meubles à monter soi-même. C'est parce qu'il a remarqué qu'il y avait sur le marché des vêtements de sport pour femmes mais pas pour le yoga que Chip Wilson, le fondateur de Lululemon Athletica, a décidé de créer des vêtements de yoga pour femmes. Bref, c'est souvent grâce à de petits moments qu'on crée de grandes choses.

Être curieux. Comme le dit si bien ma maxime préférée, « *knowledge is power* ». Plus on est curieux, plus on a soif de savoir, plus notre longueur d'avance sur les autres est grande. Comment savoir quelles seront les prochaines tendances de consommation? Comment savoir quel pays serait le meilleur pour le lancement de notre produit? Quelle est notre clientèle cible? Les réponses à ces questions ne se cachent pas dans un seul livre ou une seule revue spécialisée; c'est à travers une multitude de sources qu'on les trouve. La pire erreur qu'on puisse faire est d'arrêter de s'intéresser aux sujets qui ne touchent pas directement sa compagnie. Tout article, tout livre, toute émission de télé peuvent fournir des idées ou des réponses à nos questions. Combien de fois ai-je eu des idées pour PUR Vodka en n'y pensant pas du tout? Par exemple, c'est en lisant un article sur la bière dans une revue politique française que j'ai découvert que le maïs en adoucissait le goût. C'est à ce moment que je me suis dit que je ferais des tests avec le maïs, car je voulais adoucir le goût de la vodka tout en gardant le pourcentage d'alcool à 40%. C'est en voyant une belle publicité d'Audi dans une revue de mode féminine que j'ai eu l'idée d'approcher la compagnie pour organiser des événements avec elle. Ces deux exemples montrent que nos meilleures idées peuvent se trouver n'importe où. La curiosité mène à l'innovation, et c'est grâce à l'innovation qu'on se démarque.

Être généraliste. Nous vivons dans un monde de spécialistes. Aujourd'hui, une maîtrise ne suffit plus pour se démarquer; il faut un doctorat, un postdoctorat... Ça ne finit plus. C'en est devenu ridicule. Combien de fois ai-je posé une question sur le droit des affaires à mon ami avocat et qu'il n'en connaissait pas la réponse parce qu'il est spécialisé en droit immobilier? Combien de fois ai-je demandé un simple conseil santé à un de mes amis médecin sans qu'il puisse me répondre parce qu'il est spécialisé dans un autre domaine? Ça me rend fou! Les études font en sorte qu'on maîtrise de moins en moins bien une base générale; on ne s'intéresse plus qu'aux sujets spécialisés. C'est comme si un chef cuisinier pouvait me concocter le plat le plus complexe du monde, avec du homard du Maine, des truffes du Périgord et de la vanille de Madagascar, mais qu'il ne savait pas préparer une simple omelette aux champignons ! Il est primordial de connaître par cœur son produit, son industrie, mais il est tout aussi important de connaître ce qui tourne autour. Pour vous donner un exemple, je connais par cœur l'industrie des vins et spiritueux, mais je m'intéresse également beaucoup aux mondes de la restauration, de l'hôtellerie, du divertissement... tous des domaines connexes à celui de la vodka.

Être bon communicateur. Si je retiens une seule leçon de ces dernières années, c'est bien l'importance de la communication. Savoir bien communiquer, partager son histoire est selon moi une qualité essentielle à tout entrepreneur. Peu importe la qualité de votre produit, si vous ne savez pas comment le vendre, ce sera difficile ; peu importe votre parcours rocambolesque, si vous ne savez pas le raconter, ce sera difficile ; peu importe le potentiel de votre idée, si vous ne savez pas convaincre d'investisseur, ce sera difficile... La communication est au centre de l'entrepreneuriat, et pas seulement en ce qui concerne la vente. Un bon communicateur saura également motiver ses troupes, régler les conflits et mieux gérer ses employés. Je le répète : la communication doit être au centre de l'entreprise.

Être persévérant. Je n'aurai pas besoin de beaucoup de temps pour vous convaincre que la persévérance est une qualité primordiale à tout entrepreneur. Rares sont ceux qui se lancent en affaires et qui évitent les moments difficiles ou le chemin parsemé d'embûches. Quand j'ai fondé PUR Vodka, je ne me serais jamais attendu à devoir attendre plus de quatre ans avant ma première vente ou à devoir laver des planchers le soir pendant des heures interminables, des années qui m'ont semblé éternelles! Il ne faut jamais oublier que le chemin vers le succès est un marathon, pas un sprint. Avant que *Harry Potter* ne devienne un succès planétaire, plus de 12 maisons d'édition ont refusé le manuscrit de J. K. Rowling! Avant que le Disney World devienne réalité, Walt Disney s'est fait dire non par... 302 banquiers! Je pourrais continuer ainsi des dizaines de pages. Qu'ont en commun la majorité des entrepreneurs? La persévérance.

Être visionnaire. Sans vision, sans objectifs, votre idée est morte avant même de voir le jour. Je me rappelle le jour où j'ai tapé «vodka» dans Google. J'ignorais encore si j'avais le droit d'en produire que je pensais déjà à où je voudrais l'exporter en premier! Le jour où j'ai commencé mon plan d'affaires, j'avais déjà décidé que PUR Vodka serait un produit mondial et non local; je voulais conquérir la planète un pays à la fois. Je n'attendais que le bon moment. Quand est venu le temps de m'entourer, je me suis assuré de choisir les meilleurs, car je voulais produire la meilleure vodka du monde. C'est simple: il faut avoir une vision et il faut voir grand. Personne ne rêve d'être le roi d'un village. Personne ne rêve de la dix-huitième place aux Jeux olympiques. Voir grand, être visionnaire est un ingrédient important de la réussite. N'oubliez jamais que, sans vision, on a peu de chances de se rendre quelque part.

Par où commencer ?

Combien de fois me suis-je fait approcher par des personnes qui avaient une idée en tête et qui ne savaient pas par où commencer ? Combien de fois m'a-t-on demandé quelles étaient les étapes à suivre pour se lancer en affaires ? Grâce à ma participation aux auditions provinciales de la quatrième saison de *VoirGRAND.tv,* j'ai déterminé quelques étapes indispensables à la création d'une entreprise. Les voici :

Avoir une idée. Combien de fois pense-t-on avoir l'idée du siècle ? Combien de fois me suis-je réveillé en plein milieu de la nuit en pensant avoir trouvé l'idée qui révolutionnerait telle ou telle industrie ? Bien sûr, personne au monde ne peut garantir le succès ou prévoir l'échec d'une idée ; trop de facteurs entrent en ligne de compte. Cependant, même si on est conscient de ce qu'est l'entrepreneuriat et qu'on se croit prêt à se jeter dans l'action, il est primordial de se poser quelques questions afin de tester son idée. Pour ma part, je me regarde dans la glace avant tout nouveau projet pour en faire l'autocritique, afin d'être sûr à 100 % de l'aventure dans laquelle je me lance. En effet, ce n'est pas parce qu'on croit en notre idée ou que nos proches la trouvent géniale qu'elle est réalisable. Avant de fonder PUR Vodka, j'ai pris du temps pour découvrir l'industrie. Avais-je le droit de produire de la vodka au Québec ? La matière première était-elle disponible à l'année pour garantir une production continue ? Il fallait avant tout que je m'assure de la faisabilité du projet. Trop souvent, des entrepreneurs commencent à travailler sur une idée avant même d'en connaître la légalité. Je me souviens d'un entrepreneur qui m'avait approché avec un projet déjà très avancé. Il se disait le premier et le seul au Québec à offrir une plateforme Web pour acheter et vendre des vins d'importation privée. Il avait créé un superbe site Web en trois langues et développé une application mobile géniale qui permettait de se créer un compte et de commenter ses trouvailles. Il avait investi deux ans de sa vie et toutes ses économies... pour s'apercevoir qu'il n'avait tout simplement pas le droit de vendre de l'alcool en ligne au Québec. Il a tout perdu. Avoir une idée est une chose. S'assurer qu'elle puisse se réaliser en est une autre.

Bâtir une structure. On ne bâtit pas un château sur des fondations de sable. On ne peut pas espérer bâtir une entreprise solide sans une structure béton. Les dépenses liées à la structure nous rebutent généralement quand on se lance en affaires. Néanmoins, il est plus qu'important d'être bien organisé.

Premièrement, il faut protéger son nom. La première chose que j'ai faite avec PUR Vodka a été de déposer une demande au registre des marques de commerce afin de m'assurer que j'avais bel et bien le droit d'utiliser ce nom et de le protéger. À l'ère d'Internet et des réseaux sociaux, vous devez aussi impérativement protéger votre raison sociale en réservant des noms de domaine et des pages Facebook, Twitter, Instagram et j'en passe... De cette manière, si votre idée voit le jour, vous serez assuré de pouvoir utiliser votre nom d'entreprise à votre guise. On ne peut pas, à notre époque, faire l'économie d'une présence Web.

Deuxièmement, il est très important de s'incorporer. Que ce soit pour ouvrir un compte de banque ou chercher des investisseurs, on vous demandera que votre entreprise ait une identité bancaire distincte de la vôtre. Deux options s'offrent à vous : vous incorporer sans aide ou demander à un avocat ou à une entreprise spécialisée de le faire pour vous. Le coût de l'incorporation est d'environ 1 000 $, mais l'investissement en vaut la chandelle.

Finalement, il vous faut choisir les professionnels qui graviteront autour de votre entreprise. Je ne parle pas de vos employés, mais plutôt des intervenants qui évolueront en périphérie et qui s'assureront que votre structure soit solide et légale. Choisir un bon comptable et un bon avocat peut grandement faciliter la croissance d'une entreprise, particulièrement quand on commence à chercher du financement auprès des banques ou des investisseurs privés.

Personnellement, je crois que ces trois étapes ont été les plus importantes et les plus stratégiques de mon parcours. Après mon expérience catastrophique avec le restaurant, je tenais à construire ma nouvelle entreprise différemment et intelligemment.

Dernière chose : les coûts pour bâtir la structure sont beaucoup plus abordables au tout début d'un projet, quand on fait les choses dans le bon ordre. Il est plus simple de bâtir une structure à partir de zéro que d'ajouter des éléments plus tard, quand une multitude de dossiers sont déjà ouverts. C'est comme construire une maison : il vaut mieux partir de rien que d'essayer de faire du neuf avec du vieux.

Faire un plan d'affaires. Aussi cliché que ça paraisse, le plan d'affaires reste un incontournable. Je ne m'imagine pas lancer un nouveau produit, une nouvelle entreprise sans au préalable avoir mis sur papier un plan d'affaires. Je vois le plan d'affaires comme le squelette d'une entreprise. Qui peut marcher sans colonne vertébrale? Personne. Je persiste et signe : il est impossible de réussir sans plan d'affaires. Ça peut paraître incroyable, mais le plan d'affaires que j'ai fait en 2006 me sert encore. Un peu comme une carte géographique, il me sert d'outil, en constante évolution, pour me diriger vers la bonne direction.

Se lancer. Vous êtes convaincu d'avoir une bonne idée? Vous vous êtes assuré de la faisabilité et de la légalité de votre projet? Après avoir bien structuré votre entreprise et finalisé votre plan d'affaires, vous êtes finalement prêt à vous lancer. Bonne chance, et accrochez-vous! Ce sera toute une aventure!

Comment se différencier des compétiteurs ?

Nous vivons dans une société de consommation où nous sommes inondés de nouveaux produits, de nouvelles idées. Grâce à la technologie, le monde entier est au bout de nos doigts. Qu'on soit pour ou contre cette société de consommation, quand on se lance en affaires, on n'a pas le choix de vivre avec cette réalité. Des milliers de nouveaux produits, de sites Web, d'applications mobiles font quotidiennement leur apparition sur le marché aux quatre coins de la planète. Avec une si forte compétition, il est très facile de passer totalement inaperçu. On me demande souvent comment faire pour se démarquer, pour sortir du lot afin que le consommateur choisisse notre produit plutôt que celui des compétiteurs. Malheureusement, se différencier n'est pas une science exacte et il n'existe pas de recette secrète afin de devenir populaire. Quand PUR Vodka a été mise en vente à la SAQ, il y avait 82 vodkas différentes dans le réseau. Des vodkas toutes plus populaires les unes que les autres qui appartenaient à de grands groupes mondiaux avec une force de frappe de loin supérieure à la mienne! Malgré ce fait, j'y croyais, et j'ai foncé. J'ai décidé dès le départ de me concentrer sur trois aspects clés qui, selon moi, me donneraient une longueur d'avance sur mes compétiteurs: la qualité, l'innovation et la différenciation.

La qualité. Je n'avais aucun doute sur ce point: pour avoir une chance de réussir dans cette industrie ultracompétitive, je devais produire une vodka de qualité plutôt qu'un produit d'entrée de gamme. Il faut toujours garder en tête qu'on n'a qu'une seule chance de faire une bonne première impression. Pour un produit comme PUR Vodka, cette première impression passe par la qualité. Le consommateur d'aujourd'hui est beaucoup plus éduqué et informé. Il ne suffit plus de payer une célébrité pour qu'elle dise dans une publicité que tel ou tel produit est bon. Ce temps est révolu. Les habitudes de consommation montrent clairement une tendance vers un retour à la qualité, au savoir-faire. On consomme moins, mais on consomme mieux, même si très souvent le coût des produits de qualité est supérieur au coût des produits d'entrée de gamme. La qualité est également un excellent moyen de se faire de la publicité sans avoir à investir massivement. Le célèbre créateur de mode Guccio Gucci disait: «On se souvient beaucoup plus longtemps de la qualité que du prix.» Un client qui aimera votre produit en parlera, sera fier de le faire découvrir et deviendra un ambassadeur de votre marque sans même que vous ayez à demander quoi que ce soit!

L'innovation. Un peu comme pour le mot « entrepreneur », le mot « innovation » est aujourd'hui employé à toutes les sauces. Nous voulons tous être innovateurs, toutes les compagnies se targuent d'être innovatrices. Malheureusement, le terme est beaucoup plus utilisé que le fait d'innover lui-même... Il existe une grande différence entre le dire et le faire. Trop souvent, on pense que pour être innovateur il faut inventer un nouvel objet, une nouvelle idée, ajouter une cinquième roue à un véhicule ou que l'innovation est strictement réservée aux nouvelles technologies. C'est absolument faux. Être innovateur est une façon d'être, une manière de penser ; ce n'est pas une technique de travail ! La plupart des entrepreneurs n'inventent pas de produit ; ils améliorent, modifient, réinventent une idée. Il est important d'être conscient que, pour être une compagnie réellement innovatrice, il faut appliquer cette pensée d'un bout à l'autre de l'entreprise. En effet, on peut innover de la porte d'entrée à la porte de sortie. Que ce soit sur les plans de la gestion des ressources humaines, des matières recyclables ou de l'économie d'énergie ou dans tout autre département de l'entreprise, il y a matière à innovation.

La différenciation. L'innovation est la pensée, tandis que la différenciation est l'action. On a beau avoir le meilleur produit du monde, la meilleure idée qui soit, si on n'arrive pas à se différencier, à se démarquer, à faire sa place, on n'arrivera à rien. Le monde des affaires est une jungle. On se bat tous pour l'attention du client, pour faire parler de nous, pour nos 15 minutes de gloire. Pour PUR Vodka, nous avons travaillé dès le départ à faire parler de nous. Nous étions conscients que sans visibilité la bataille serait difficile. Nous avons été des pionniers au Québec, et même au Canada, en créant une vodka de qualité exceptionnelle produite ici même. Comme je l'ai dit auparavant, nous n'avons pas inventé la vodka; nous avons cependant voulu redonner ses lettres de noblesse à la vodka, un spiritueux qui pendant des années a été «oublié». Nous avons approché le marché différemment. Au lieu d'offrir la possibilité de mélanger notre vodka dans 20 000 recettes de cocktails différents, comme tous les autres le font, nous avons décidé de mettre l'accent sur le fait de la goûter d'abord rafraîchie ou sur glace, sans aucun autre ingrédient, sans artifice. Nous étions ainsi les premiers à offrir une vodka de dégustation, une vodka qui se boit comme un excellent scotch ou un cognac. Nous avons choisi de travailler à contre-courant de l'industrie en proposant ce que les autres ne proposaient pas. Ce faisant, nous nous différenciions.

J'ai toujours admiré les compagnies qui arrivent à se démarquer du lot. Voici donc trois exemples d'entreprises qui y sont arrivées, l'une en inventant, l'autre en réinventant et la troisième en révolutionnant leurs industries respectives :

Inventer. Que dire de Red Bull, cette compagnie qui a littéralement su inventer une toute nouvelle catégorie de boisson, qui a su devenir un produit associé à l'univers des sports extrêmes? Red Bull, avant même d'être perçue comme une boisson énergétique, renvoie à un monde à part. Un monde de records, de vitesse, de risques. Un monde où tout est possible, ou presque. La compagnie a même réussi le plus grand coup médiatique des 50 dernières années en convainquant un cascadeur de sauter de l'espace et d'atterrir en toute sécurité sur Terre! La boisson Red Bull est aujourd'hui synonyme de formule 1, de ski extrême... Elle est associée à des compétitions plus dangereuses et casse-cou les unes que les autres! Red Bull a su inventer une catégorie et un univers bien à elle.

Réinventer. Vers le début des années 1980, un vent de fraîcheur est arrivé dans le monde du cirque, qui n'avait guère évolué depuis des décennies. La femme qui se faisait couper en deux, le lanceur de couteaux, l'avaleur d'épée, le clown triste... c'était du pareil au même. Tout d'un coup, exit les animaux, le clown triste, la femme qui disparaît dans une boîte! Un nouveau type de cirque était né, avec d'anciens athlètes olympiques devenus acrobates, une histoire nous transportant dans un univers sonore, visuel et sensoriel magique et des performances qu'on n'aurait jamais crues possibles auparavant. Le Cirque du Soleil venait de réinventer le cirque.

Révolutionner. Ce dernier exemple est presque devenu un cliché tellement il est une évidence. Si j'arrive à faire 1 % de ce que cette compagnie a réussi à accomplir ces 20 dernières années, je serai satisfait! Apple a révolutionné les ordinateurs avec l'iMac et la musique avec l'iPod et iTunes. Elle a récidivé quelques années plus tard en révolutionnant le téléphone avec l'iPhone. Toujours pas satisfaite, elle a littéralement inventé une nouvelle catégorie de produits avec l'iPad. Et l'histoire continue aujourd'hui avec une panoplie de nouveaux produits tous plus originaux et innovateurs les uns que les autres. Apple a non seulement réussi à révolutionner plusieurs industries mais, qu'on en soit heureux ou non, elle a aussi littéralement révolutionné notre vie.

Qu'as-tu appris
de tes multiples refus ?

J'ai toujours cru que, peu importe ce qu'il nous arrive dans la vie, il faut rester motivé et concentré sur ce qu'on fait et qu'un jour, la vie nous le rendra. Bien sûr, je ne peux pas dire que ça a toujours été facile ou qu'après un refus, je gardais le sourire et je continuais comme si rien ne s'était passé. Personne n'aime l'échec ou le refus. Il faut cependant le comprendre... sans pour autant l'accepter !

Aujourd'hui, quand je pense à tout le chemin parcouru, à ce parcours parfois chaotique que j'ai dû emprunter, je crois fermement que j'ai réussi à me rendre aussi loin grâce, en partie, à tous les refus que j'ai eus. Chaque non, chaque refus, chaque défaite m'a obligé à travailler plus fort, à devenir meilleur. Que ce soit le refus d'un banquier de m'ouvrir un compte de banque ou celui d'une demande d'admission à l'université, peu importe, je les ai toujours pris comme une source de motivation. Après chaque refus, je me suis dit qu'un jour je prouverais à ces institutions ou individus qu'ils avaient tort, et c'est exactement ce que j'ai fait.

Malheureusement, pour la grande majorité des aspirants entrepreneurs que je rencontre, ces fameux refus sont très souvent mortels pour leur idée, leur motivation et leurs aspirations. Quand la pression monte et que le stress est à son maximum, le fait de vivre un échec est pour certains une raison d'abandonner. Qui n'a jamais entendu quelqu'un proche de lui dire : « Je n'ai pas eu de prêt de la banque. Je n'ai plus d'argent pour continuer », « Je n'ai pas été retenu. Il n'y a plus rien à faire » ou « Je n'ai pas été compris. Je suis avant mon temps »… et ensuite tout arrêter ?

Selon mon expérience, il existe deux principaux types de refus : celui qu'on aurait pu éviter, le « refus d'impatience », et celui qui est inévitable. Les voici définis :

Le refus d'impatience. Quand on lance une compagnie, on est impatient, on a hâte que tout avance, de faire des ventes, de vivre de notre passion. C'est à ce moment qu'arrive la majorité des premiers refus. Ce sont, pour la plupart, des « refus d'impatience ». Les exemples sont classiques. On se fait refuser l'ouverture d'un compte de banque parce que notre plan d'affaires n'est tout simplement pas prêt ; on se fait refuser l'accès aux tablettes d'un magasin parce que le produit n'est pas entièrement développé… Ces refus auraient pu être évités en prenant simplement le temps de se préparer. Bien sûr, en affaires, il n'y a jamais de garanties, mais on peut éviter certains refus d'impatience en comprenant l'importance d'être prêt au bon moment. Je le dis souvent : réussir est un marathon, pas un sprint. On doit se préparer à réussir et, surtout, ne pas précipiter les étapes.

Le refus inévitable. Bien souvent, dans le monde des affaires, on ne réussit pas à avoir ce qu'on veut du premier coup. Le refus inévitable est impossible à contourner. Quand la SAQ a refusé PUR Vodka, nous étions pourtant prêts. Nous avions travaillé plus de quatre ans en vue de ce moment. Notre plan d'affaires était béton, notre produit, excellent, remporterait le titre de meilleure vodka du monde quelques semaines plus tard, nos

10 800 bouteilles étaient prêtes à faire leur entrée sur le marché et, malgré tout ça, nous avons reçu un refus. C'était exactement un refus inévitable. Nous n'avions pas d'historique de vente ; je ne pouvais pas prétendre le contraire. Quand, par trois fois, je me suis fait refuser l'accès au programme de la MBA par trois universités différentes en raison de l'unique point faible de notes obtenues des années auparavant, c'était tout simplement un refus inévitable. Malgré le succès que connaissait ma compagnie, les concours que nous remportions à travers le monde, les titres que je recevais comme jeune entrepreneur au Québec, les lettres de recommandation des plus grands acteurs de Québec inc., peu importe ce que j'avais dans mon dossier d'inscription, on m'a refusé l'admission. Je crois que, même si j'avais gagné un prix Nobel, j'aurais été refusé ! Rien à faire. Parfois, la décision à laquelle on se heurte n'est pas logique ; elle est prise presque avant notre tentative, souvent par un système plus que par une personne !

C'est au moment des refus qu'une sélection naturelle se fait entre ceux qui voudront continuer et foncer – et auront l'énergie nécessaire pour se retrousser les manches et persévérer – et ceux qui prendront un refus comme un cul-de-sac ou une fatalité et arrêteront leur parcours. Pour ma part, le mot « non », ces trois petites lettres si puissantes, est malheureusement un de ceux que j'ai le plus entendus dans ma vie. À bien y penser, dire non est assez facile. Un non ferme la porte, met fin à une discussion, tourne la page. Très rapidement, je me suis dit qu'il me fallait porter beaucoup plus d'attention aux oui que je recevais qu'aux non. On n'a jamais rien bâti de solide avec un non. Voici donc mon conseil : vous aussi, concentrez-vous plus sur le oui !

Quel futur vois-tu pour l'entrepreneuriat?

L'entrepreneuriat est vieux comme le monde. Aussi loin que les historiens et archéologues peuvent remonter, ils en trouvent des traces. L'entrepreneuriat tel qu'on le connaît, cependant, est né grâce aux premières routes commerciales et aux premières villes. Des routes millénaires telles que la route de la soie, qui traversait l'Asie et une partie de l'Europe, ou la route des épices, qui reliait principalement l'Inde et le Portugal, ont permis aux premiers commerçants, aux premiers entrepreneurs de faire des affaires. Qui n'a jamais entendu parler de Marco Polo, un des premiers entrepreneurs vedettes, qui a inspiré, par ses récits et ses voyages, des générations de marchands et d'explorateurs, incluant Christophe Colomb?

Faisons un saut de quelques siècles pour nous rendre dans les années 1850, en pleine révolution industrielle, une période historique pendant laquelle, grâce à une multitude d'avancées technologiques, certains pays sont passés en peu de temps d'une économie largement artisanale et agricole à une économie commerciale et industrielle, en grande partie, selon plusieurs, en raison du développement de l'industrie ferroviaire. L'entrepreneuriat changeait de visage. Les décennies suivantes ont été fort importantes en matière d'inventions révolutionnaires tels l'automobile, le téléphone ou l'avion.

Puis est venue, des années plus tard, ce que certains spécialistes appellent la troisième révolution industrielle, celle de la révolution informatique des années 1970. L'invention du microprocesseur par Intel, de l'ordinateur de bureau par Apple ou d'Internet a littéralement transformé l'entrepreneuriat moderne. Avec l'explosion de la bulle Internet de la fin des années 1990 qui a culminé avec une hécatombe commerciale au début de l'année 2000 et a été suivie par la crise de 2008, nous sommes entrés dans une phase différente où le monde des affaires et l'entrepreneuriat en général ne vivent pas leurs heures de gloire. Mis à part pour certaines compagnies qui ont le vent dans les voiles, on ressent un besoin de changement, de nouveauté. D'une quatrième révolution, peut-être?

Pour ma part, je crois que, depuis quelques années, nous entrons dans une nouvelle ère où l'entrepreneuriat se transforme afin de s'adapter à la réalité d'aujourd'hui. Une réalité totalement différente d'il y a à peine 10 ans, quand les réseaux sociaux étaient presque totalement inexistants. Une réalité qui efface presque complètement les frontières entre pays et où les échanges commerciaux sont plus planétaires que jamais et les moyens de communication, immédiats.

Une transition générationnelle est également en cours entre ceux qu'on appelle communément les baby-boomers et la génération Y, née entre le début des années 1980 et le milieu des années 1990. Ayant grandi avec la technologie au bout des doigts et, comme terrain de jeu, la planète tout entière, la génération Y a une vision de l'entrepreneuriat très différente de celle de la génération précédente. C'est normal puisque chaque génération se lance en affaires selon la réalité, les croyances, les valeurs et les rêves de l'époque dans laquelle elle vit. La génération Y, elle, arrive avec une mentalité totalement différente et le souhait de réinventer l'entrepreneuriat.

Selon moi, ces facteurs expliquent que l'entrepreneuriat entre dans une nouvelle ère, dans ce que je nomme l'ère humaine. L'entreprise humaine est née, c'est-à-dire une entreprise qui porte les valeurs et les croyances propres à la génération Y, dont les enjeux et les défis reflètent le monde dans lequel elle a été fondée et dont des thèmes comme l'environnement, l'implication sociale et l'expérience client sont au cœur de la culture. Serait-ce ça, la quatrième révolution industrielle? Seul le temps nous le dira, mais une chose est certaine: le monde des affaires est en transformation majeure. En attendant, voici quelques éléments clés de l'entreprise humaine:

La culture entrepreneuriale. La culture des entreprises, leurs valeurs, leurs croyances sont de retour à l'avant-scène. Leur mission et leur vision sont mises de l'avant et ne sont plus des vœux pieux, comme quand les entreprises s'en munissaient pour donner l'impression d'avoir une conscience sociale. Aujourd'hui, cette conscience sociale est presque obligatoire. Faisant partie intégrante de la société, les entreprises ont autant, sinon plus, de responsabilités que le commun des mortels. Plus qu'un simple acteur économique, l'entreprise humaine s'implique dans presque toutes les sphères de la société, de la protection de l'environnement au soutien à différentes causes aussi bien internationales que locales. L'entrepreneuriat s'éloigne de la culture capitaliste qui a dominé pendant des années, une culture loin des employés et des consommateurs, et à l'écart de la société.

L'entrepreneur. Depuis une dizaine d'années, on voit naître, au Québec et ailleurs, des entreprises qui changent le visage de l'entrepreneuriat classique. Se lancer en affaires, pour ces jeunes entrepreneurs, est d'abord une question de choix de vie. Voulant s'éloigner des bureaux classiques, des cubicules de travail, des horaires «9 à 5», du trafic ou des deux semaines de vacances par année, ils choisissent l'entrepreneuriat pour la liberté qu'il permet et espèrent créer une entreprise qui les rendra avant tout heureux. On distingue deux tendances : le travailleur autonome et l'entrepreneur plus «classique», qui développe des produits ou des services à plus grande échelle.

On observe depuis quelque temps une explosion du nombre de travailleurs autonomes. Ils sont experts en médias sociaux, graphistes, journalistes à la pige, et j'en passe. Bien que cette option n'offre aucune garantie de contrats ni de revenus, de plus en plus d'entrepreneurs se lancent à leur compte, espérant ne choisir que des projets qui les intéressent. Ils ne se sentent plus obligés de travailler entre quatre murs, de suivre un horaire défini. Pour la plupart, les travailleurs autonomes sont des entrepreneurs nomades qui, grâce à la technologie, peuvent travailler peu importe l'endroit ou l'heure! Il y a à peine 15 ans, nous n'aurions jamais pu imaginer qu'une graphiste envoie par Internet un document de présentation fait lors d'un voyage au Népal, ou que la page Facebook d'une entreprise montréalaise soit gérée par un expert en médias sociaux du Texas. Les travailleurs autonomes sont attirés par cette flexibilité et cette liberté d'action.

Pour ce qui est de l'entrepreneur «classique» qui développe un produit ou un service à plus grande échelle, on remarque également une évolution. Il est passionnant d'examiner les types d'entreprises qui prennent forme depuis quelques années. Des entreprises qui viennent directement combler un besoin qualitatif. En effet, on observe indéniablement un retour à la qualité. Fini, les produits grand public, fini, le temps où on achetait n'importe quoi dans un magasin à grande surface. L'entreprise humaine ne veut plus simplement produire pour produire. Qu'il s'agisse de nouveaux cafés qui préparent chaque café avec la précision d'un chirurgien, de microbrasseries ou distilleries, comme PUR Vodka, qui ont à cœur la grande qualité de leur produit, d'une nouvelle ligne de meubles en bois entièrement produits localement ou tout simplement d'un nouveau service en ligne de livraison de boîtes-repas ou de jus fraîchement pressés à froid, tous veulent créer pour séduire et se démarquer, avec comme objectif ultime la qualité.

L'entrepreneuriat social. Plus qu'une tendance, l'entrepreneuriat social est là pour rester. Quand on parle de culture entrepreneuriale se préoccupant du bien-être des employés, du respect de la société ou du retour aux produits de qualité, on parle de valeurs, de visions, de missions. L'entrepreneuriat social est l'entrepreneuriat de demain. Je n'arrive pas à imaginer lancer une entreprise d'ici une quinzaine d'années sans qu'elle soutienne une cause, sans qu'elle cherche à produire un effet positif sur la société. Qu'on pense à des entreprises comme TOMS, qui offre une paire de chaussures à une personne dans le besoin pour chaque paire qu'elle vend ; à Newman's Own, pionnière en entrepreneuriat social, qui a redonné, depuis les 30 dernières années, près de 500 millions de dollars à différentes œuvres de charité en vendant une multitude de produits sous son nom. L'entrepreneuriat social peut avoir un réel effet. L'entreprise humaine veut en faire plus : elle tient non seulement à réussir dans son domaine d'expertise, mais aussi à laisser sa marque, à être un acteur de changement positif en soutenant une cause, en redonnant une partie de ses profits, en incitant ses employés à faire du bénévolat ou toute autre action du genre. L'entrepreneur n'est plus le seul à profiter de son succès, c'est toute la société qui en bénéficie.

L'environnement. Plus que simples sujets de l'heure, l'environnement et sa sauvegarde sont les sujets du siècle. Comment penser à se lancer en affaires sans s'assurer de tout faire pour protéger l'environnement? Si rien ne change, les entrepreneurs de la génération Y seront les premières victimes directes de ce saccage. Des changements climatiques à la disparition d'espèces, il y aura une incidence directe sur le monde des affaires. Les entreprises ne sont pas toutes dans le tort, tout comme ce ne sont pas tous les humains qui ne respectent pas l'environnement. Cependant, je suis convaincu qu'une entreprise humaine peut faire la différence. Dans le choix des moyens de transport de la marchandise, d'utiliser des matériaux recyclables, de limiter le suremballage, bref, grâce à une multitude de petits gestes qui, au bout du compte, font une réelle différence sur la sauvegarde de l'environnement. On ne peut plus exploiter l'environnement comme s'il nous appartenait; il faut trouver de nouvelles solutions plus écologiques et respectueuses de la Terre. Certains entrepreneurs rivalisent d'ingéniosité en révolutionnant leur méthode de travail. Prenons les exemples de l'agriculture raisonnée, qui tient compte de la protection de la faune et de la flore, des fermes urbaines ou des serres sur les toits, qui permettent à la campagne de s'installer en ville, de la culture biologique, qui respecte ce que la Terre a à nous offrir de plus naturel, ou des ruches sur les toits, qui protègent les abeilles en danger d'extinction... L'entreprise humaine veut rétablir l'équilibre entre le monde des affaires, le développement économique, l'enrichissement de la société et la sauvegarde de la planète.

L'humain. Remettre le consommateur au centre de l'entreprise. Redonner ses lettres de noblesse au client, qui a trop souvent été mis de côté. Quand on se lance en affaires, quand on fonde une entreprise, on a hâte au jour où un premier client achètera notre produit ou notre service. Comment le client est-il devenu presque une nuisance pour certaines entreprises? Un mal nécessaire? Sans clients, nous ne sommes qu'une idée parmi tant d'autres. Sans clients, notre entreprise n'existe tout simplement pas. Selon la vaste majorité des recherches et statistiques, la plupart des plaintes reçues par une entreprise concernent le service à la clientèle. Trop souvent déficient, voire inexistant, le service à la clientèle, quand il est bien géré, peut s'avérer l'une des meilleures publicités qui soient. Lorsqu'on achète un produit, il se peut qu'il soit défectueux. Notre premier réflexe est toujours de donner la chance au coureur. On rapporte le produit ou on appelle la compagnie afin de l'échanger ou de le faire réparer. Si le service à la clientèle est excellent, on sera heureux d'en parler, d'avoir choisi ce produit. Si le service à la clientèle est mauvais, on le criera sur tous les toits. Vous n'avez qu'à consulter la page Facebook de certaines compagnies pour voir le nombre de critiques non élogieuses de leur service à la clientèle! Un client satisfait est un client qui vous reviendra, c'est simple. Non seulement un client non satisfait ne vous reviendra pas, mais il dira à tout son entourage pourquoi!

Le client n'est pas le seul humain dans l'équation. Les employés en font autant partie. La manière dont une entreprise humaine traite ses employés en dit beaucoup sur la culture de l'entreprise et de l'entrepreneur, mais il ne faut jamais oublier qu'un employé heureux, valorisé et motivé en remplace 10 mécontents! On ne peut plus gérer une équipe comme on le faisait il n'y a pas si longtemps, avec de l'autorité, une discipline de fer et un ordre rigide. L'environnement de travail, la situation des bureaux, la relation avec les dirigeants, les activités hors du bureau, les concours à l'interne, l'implication dans les décisions sont tous des facteurs qui attirent les bons employés. Cette nouvelle manière de gérer le personnel n'est pas toujours évidente. L'entrepreneur doit parfois prendre des décisions allant à l'encontre des souhaits des employés. Mais une entreprise qui a à cœur le bien-être de ses employés et qui croit qu'elle doit fournir beaucoup plus qu'un chèque de paye est une entreprise qui se dirige dans la bonne direction.

L'expérience. Des panneaux publicitaires le long de l'autoroute, une célébrité qui vante les mérites d'un produit ou une agence de publicité qui invente une histoire de toutes pièces n'est plus du tout ce que le consommateur veut. L'expérience est aujourd'hui au centre de l'attention. Montréal, dans ce sens, est la capitale mondiale de l'expérience. Qu'on pense à des entreprises géniales comme PixMob, qui a entre autres illuminé des stades avec son bracelet interactif lors d'événements mémorables tels le Super Bowl ou les cérémonies des Jeux olympiques, Moment Factory, qui illuminera le pont Jacques-Cartier pour le 375e anniversaire de Montréal et qui participe aux plus grandes tournées musicales planétaires, ou encore Ex Machina, de Robert Lepage, qui mêle les arts de la scène et le multimédia, ces entreprises ont une chose en commun : elles veulent nous faire rêver, nous inspirer grâce à leur créativité. De nombreux jeunes entrepreneurs partagent ce souhait. Combien de nouvelles entreprises investissent des sommes considérables afin de créer un tout nouvel univers pour le consommateur ? L'entreprise humaine veut faire vivre à sa clientèle une expérience dont elle se souviendra longtemps. Des exemples ? Les boutiques de vêtements Frank & Oak, où l'on retrouve un café et un salon de barbier, les Thés DAVIDsTEA, qui a su revitaliser l'industrie du thé avec ses boutiques ultramodernes et son immense sélection, le site BonLook, qui a littéralement créé une nouvelle façon de s'acheter des lunettes. Et que dire des boutiques Chocolats favoris, qui ont un succès fou ? Ce sont toutes des entreprises fondées par de jeunes entrepreneurs québécois avec une vision différente du monde des affaires. Tous rivalisent d'audace afin d'offrir une expérience client inoubliable.

Le financement. S'il y a une chose complexe quand on se lance en affaires, c'est bien le financement. Surtout depuis la crise de 2008, il est difficile d'accès. Certains tournent donc le dos au financement traditionnel pour trouver d'autres moyens d'atteindre leurs objectifs. Pour ma part, j'avais décidé de m'autofinancer afin de faire avancer mon entreprise le plus possible. D'autres choisissent des solutions de rechange telles que le financement en prévente, qui consiste à vendre un produit ou un service avant leur livraison, puis à les fournir aux acheteurs une fois les fonds amassés et le produit terminé, ou le sociofinancement, qui fait appel à la générosité de donateurs qui, en retour, reçoivent parfois un cadeau avec ce qu'ils ont aidé à financer. Les sites spécialisés de prêts en ligne sont également de plus en plus populaires. L'entreprise humaine n'hésite pas à employer ces différentes ressources pour atteindre un objectif précis de financement. Pourquoi ne pas tout essayer pour réussir? Les jeunes entrepreneurs d'aujourd'hui n'ont pas froid aux yeux, et ce n'est pas le refus d'une banque qui les arrêtera de croire en leurs rêves!

Pour conclure, personnellement, je suis convaincu que le futur de l'entrepreneuriat est prometteur. Rien qu'au Québec, des centaines de jeunes entrepreneurs sont en train de devenir de véritables leaders, de vrais précurseurs. Ce qui est intéressant est qu'ils viennent tous d'horizons totalement différents, une richesse entrepreneuriale inestimable. Ces entrepreneurs veulent réinventer le monde dans lequel nous vivons, ils veulent créer leur entreprise dans une société plus juste, plus équitable, ils veulent créer différemment: ils veulent créer l'entreprise humaine.

CHAPITRE 11

PROMOUVOIR
L'ENTREPRENEURIAT

Diriger, c'est s'en tenir avec force à ses convictions,
c'est l'habileté de supporter les coups durs,
c'est l'énergie de promouvoir une idée.

– Benazir Bhutto

L'entrepreneuriat est un univers infini sans réponses précises à bien des questions et, surtout, sans chemin prédéterminé pour se rendre à bon port; ce n'est pas une science exacte. Même avec mon expérience, je considère que j'ai encore tout à apprendre de l'entrepreneuriat, que mon parcours ne fait que commencer. J'aime bien dire que nous sommes sept milliards d'humains sur la Terre et que, par conséquent, il existe sept milliards de façons différentes de réussir. J'ai fondé mon entreprise il y a bientôt

10 ans et après avoir passé à travers des hauts et des bas, je me suis mis à réfléchir de plus près au monde des affaires. Je cherche à découvrir ce qui ferait en sorte que les portes de l'entrepreneuriat soient plus grandes ouvertes, que les chances de réussite soient plus grandes, qu'on ne soit pas obligé de vivre une vie de misère avant de voir la lumière au bout du tunnel.

Dans les prochaines pages, vous trouverez des questions sur l'entrepreneuriat, des pistes de réflexion et des débuts de solutions aux problèmes qu'il soulève. Je ne prétends pas avoir réponse à tout ni pouvoir régler tous les problèmes de la Terre en quelques pages ; je souhaite plutôt ouvrir la discussion, échanger des idées et bâtir. Tout comme lorsque j'ai lancé PUR Vodka, il me sera impossible d'y arriver seul. Ensemble, nous pouvons promouvoir l'entrepreneuriat, faciliter son accès et changer ce qui rend encore la réussite trop difficile à atteindre. Je le répète : la réussite est un marathon, pas un sprint. C'est avec le premier pas qu'on se rapproche du but !

L'ENTREPRENEURIAT ET L'ENFANCE

Du plus loin que je me souvienne, le kiosque à limonade a été le symbole du très jeune entrepreneur. Qui ne s'est jamais arrêté à l'un de ces fameux kiosques pour encourager un enfant du quartier qui souhaitait faire un peu d'argent ou récolter des fonds pour une cause ? Vous êtes-vous déjà demandé si cet enfant pourrait devenir le futur entrepreneur à succès qui fera briller la province à l'international ? Découvrir le monde des affaires à un très jeune âge entraîne de multiples bénéfices. Que ce soit par l'apprentissage plus ludique de certains champs d'études comme l'économie, la prise de responsabilités ou le processus de création d'un projet, « jouer » à l'entrepreneuriat s'avère une excellente manière pour l'enfant d'apprivoiser cet univers. Plus tôt on commence, plus on a de chances de développer un intérêt pour le monde des affaires. Les enfants rêvent d'être pompiers, infirmiers ou joueurs de hockey. Dès leur plus jeune âge, ils jouent au docteur et à l'astronaute. Pour la plupart, ils ne deviendront jamais ce qu'ils rêvaient d'être. Pour les autres, c'est grâce à ces jeux de rôle qu'ils découvrent leur passion. Pourquoi, alors, ne pas encourager l'entrepreneuriat en le présentant comme une option de carrière au même titre que toutes les professions ?

Ça va de soi : on ne peut pas développer le goût de se lancer en affaires si on ignore que cette possibilité existe, si on ignore tout de ce qu'il faut pour entamer ce processus. Pour prendre un exemple personnel, comment se fait-il que ce ne soit qu'à l'université que j'aie eu la chance d'assister à la conférence d'un entrepreneur ? Pourquoi n'ai-je pas été familiarisé avec cet univers plus tôt ? Je savais qu'être dans les affaires était une possibilité, mais ce n'est qu'après avoir rencontré quelques entrepreneurs et lu sur le sujet que j'ai découvert les immenses perspectives qui s'offraient à moi.

Pourquoi ne pas inclure un cours obligatoire sur l'entrepreneuriat au secondaire ? On pourrait y apprendre les bases du plan d'affaires, de la gestion, du développement d'une idée… Après tout, on donne bien des cours de biologie, de physique ou de géographie. Combien de biologistes, de physiciens ou de géographes connaissez-vous? Loin de moi l'idée d'abolir ces matières, mais il est grand temps, selon moi, de leur ajouter un cours de base sur le monde des affaires. Promouvoir l'entrepreneuriat dès le plus jeune âge n'est pas seulement une manière de s'assurer d'une relève forte en affaires, c'est également une façon de développer un réflexe entrepreneurial qui permettra à plus de jeunes de choisir cette aventure à la fin de leurs études.

L'ENTREPRENEURIAT ET L'UNIVERSITÉ

Je le dis sur toutes les tribunes : avoir un diplôme universitaire n'est pas un gage de succès, encore moins d'intelligence, et ce, même si je suis convaincu qu'un diplôme représente un excellent filet de sécurité, un excellent plan B. Malheureusement, malgré tous les efforts faits par les universités pour encourager les étudiants à se lancer en affaires, pour créer des programmes innovants en jeune entrepreneuriat, on s'entête à croire que les notes sont un facteur de succès ou, pire encore, que le monde des affaires est réservé aux meilleurs étudiants!

On réduit les chances de réussite de certains entrepreneurs et futurs entrepreneurs en leur refusant l'accès aux études qui leur permettraient d'acquérir la théorie aidant à la pratique. Pour ma part, je suis convaincu que, dans certaines situations, j'aurais pris de meilleures décisions si j'avais suivi ne serait-ce qu'un cours sur le sujet. J'avoue que j'ai été frustré pendant un bon moment d'avoir été refusé à maintes reprises au programme de la MBA. Pendant que mes amis ingénieurs ou gestionnaires faisaient leur MBA pour ajouter ces trois lettres à leur carte professionnelle, moi qui avais fondé une compagnie à succès, qui gérais des employés, qui soutenais une croissance, moi qui avais une expérience unique à partager et une soif de connaissances, j'étais recalé à cause de notes obtenues cinq ans plus tôt dans des cours de science politique...

Les universités fixent des critères d'admission sévères afin d'attirer, selon elles, la crème de la crème. Je peux comprendre leur souhait de conserver de hauts standards, d'être exclusives ; c'est ce qui donne sa valeur à la MBA. Mais parallèlement, créons donc un programme destiné strictement aux entrepreneurs qui ne tiendrait pas compte des notes obtenues dans le passé ou du niveau d'études. Ce programme pourrait n'être ouvert qu'aux entrepreneurs en affaires depuis au moins trois ans. Pourquoi trois ans ? Parce qu'il faut de l'expérience de terrain avant d'arriver à une certaine « maturité entrepreneuriale ».

Depuis quelque temps, de plus en plus de programmes d'études privés ayant comme objectif de cibler les entrepreneurs voient le jour. Bien que ce soit une idée absolument géniale, une avenue parallèle à explorer, le problème est que, souvent, ce type d'établissement n'est pas reconnu officiellement par notre gouvernement. Imaginez leur valeur à l'extérieur de la province ! Tout bon entrepreneur, quand il s'engage dans quelque chose, veut que son investissement soit rentable. Le carré de sable de l'entrepreneur d'aujourd'hui est le monde entier, pas juste sa région. À quoi bon s'inscrire à des programmes non reconnus à l'échelle internationale ? Les universités offrent cette reconnaissance, elles ont la réputation d'être l'ultime référence en éducation aux cycles supérieurs. Haut lieu de savoir et d'innovation, le monde universitaire a également une responsabilité envers la société – comme nous tous, d'ailleurs –, celle de permettre à tout entrepreneur qui veut s'améliorer de le faire.

Je crois sincèrement que le souhait des universités est de se rapprocher de la réalité de l'entrepreneuriat du 21e siècle et des jeunes entrepreneurs de la génération Y. Elles ont une occasion unique d'innover dans un univers en pleine mutation, en pleine évolution. Cependant, au lieu d'empêcher certains entrepreneurs et futurs entrepreneurs de s'améliorer en leur refusant l'accès à leurs programmes de perfectionnement, les universités devraient plutôt les aider à réussir ce qu'ils ont entamé et à devenir les leaders du Québec inc. de demain. Au lieu de se concentrer sur les notes, les universités devraient tenir compte de l'expérience.

L'entrepreneuriat n'est plus ce qu'il était il y a à peine une dizaine d'années. L'entreprise humaine prend le relais. Avec les nouvelles technologies, la rapidité du monde moderne et la soif de réussite des jeunes entrepreneurs d'aujourd'hui, il faut maintenant beaucoup plus mettre l'accent sur la pratique que sur la théorie. Les règles changent ; les méthodes d'hier ne sont plus que des souvenirs parmi tant d'autres. Les universités pourraient continuer leur excellent travail de recherche théorique, mais également offrir des programmes plus axés sur la réalité, le concret. Elles auraient avantage, par exemple, à inviter plus d'entrepreneurs à partager leur histoire, à faire visiter plus d'entreprises. Ainsi, elles offriraient aux jeunes entrepreneurs leur entière collaboration.

L'ENTREPRENEURIAT ET LES BANQUES

Par où commencer? Vous connaissez maintenant mon expérience avec les banques. Je suis d'ailleurs certain que vous avez vécu vos propres expériences avec elles... C'est une évidence pour tous, ou presque: le modèle d'affaires du système bancaire au grand complet a besoin d'évoluer, voire d'être révolutionné. Bien que depuis quelques années, certaines banques investissent massivement afin d'améliorer leur service à la clientèle, leurs sites Web, leurs applications mobiles, leur ADN reste le même. Le système bancaire est l'un des rares domaines qui n'a pas été réinventé au cours des 20 dernières années. La téléphonie a été réinventée avec la naissance de l'iPhone, la musique avec iTunes, les taxis avec Uber, les hôtels avec Airbnb... Pour ce qui est des banques, aucun changement autre qu'esthétique ou symbolique. Pourtant, autant nos habitudes de consommation que notre manière de nous lancer en affaires ont grandement changé depuis un peu plus d'une décennie. Avec l'arrivée de nouvelles méthodes de financement comme le sociofinancement ou les investissements privés, certains jeunes entrepreneurs se demandent même à quoi sert une banque, à part «garder» notre argent en «sécurité» dans un compte.

Si les banques veulent continuer à faire des profits pharaoniques, si elles veulent rester des actrices incontournables du monde des affaires, elles vont devoir s'adapter à la nouvelle réalité. Il semble impossible aujourd'hui que les banques soient un jour reléguées à l'arrière-plan, mais rappelez-vous les industries qu'on croyait immortelles, comme le téléphone fixe, qui disparaîtra totalement sous peu au profit de la technologie sans fil. Rappelez-vous l'importance et la prédominance de la radio au début des années 1950. Avec l'arrivée de la télévision, elle a vécu, et elle vit encore, des moments très difficiles. Et que dire de l'impression de journaux et de magazines, et de la télévision, à son tour mise en danger par le Web? Ce sont toutes des industries en perte de vitesse, voire menacées d'extinction à cause des nouvelles technologies et manières de consommer. Aujourd'hui, il n'existe presque plus de raisons de se déplacer au guichet d'une banque; à peu près tout se fait en ligne! Pourquoi donc la banque telle qu'on la connaît est-elle encore nécessaire? Malgré leurs multiples refus lors du démarrage de mon entreprise et le fait que j'ai dû laver de soir les planchers d'un hôpital pendant plus de quatre ans en quelque sorte à cause d'elles, je reste convaincu que les banques ont encore leur place au sein de l'entreprise humaine, qu'elles ont un rôle primordial à jouer... à condition qu'elles appliquent des changements drastiques et qu'elles subissent une évolution majeure.

Je me rappelle comme si c'était hier le jour où mon banquier de l'époque m'a appelé pour m'annoncer qu'il avait une excellente nouvelle pour moi. Il avait laissé un message dans ma boîte vocale. J'étais convaincu d'avoir obtenu la marge de crédit que j'avais demandée, même si je n'avais absolument aucun actif, et encore moins d'argent dans mon compte. Cette marge de crédit était d'un montant de 15 000 $; rien pour sabrer le champagne, mais c'était tout de même mieux qu'une gifle. Quand j'ai rappelé mon banquier, il était heureux comme un pape: la banque avait accepté de m'accorder une marge de crédit, à une seule petite condition. Il était content de me prouver que j'avais eu tort. Je lui avais raconté mon histoire, qu'une dizaine de banques avant la sienne avaient refusé ma demande de financement et que je n'avais plus d'espoir en les banques. Lors de chacune de nos rencontres, il essayait de me convaincre que la banque était le partenaire idéal des jeunes entreprises et, ce jour-là, il était fier de me prouver que la banque savait aussi prendre des risques et aider les jeunes entrepreneurs. Il en est finalement venu au fait : ma marge de crédit avait été acceptée à la condition que mes parents mettent leur condo en garantie. Le banquier m'a répété qu'il était fier que la banque prenne un risque avec moi… Un risque ? Il ne pouvait pas être sérieux en me disant ça ! C'étaient mes parents et moi qui prenions 100 % du risque ! Si je n'arrivais pas à rembourser ma marge de crédit, la banque, elle, se rembourserait avec le condo de mes parents… Je croyais rêver. Heureusement que j'étais au téléphone parce que je lui aurais sauté au cou !

C'est à ce moment-là que j'ai compris que les entrepreneurs et les banques, même s'ils étaient des partenaires presque au quotidien, ne parlaient pas le même langage. À tout le moins, ils ne partageaient assurément pas la même définition du mot «risque» ! J'étais furieux. Si je voulais continuer, je n'avais d'autre choix que de demander à mes parents de garantir cette marge de crédit. J'étais déçu que mon banquier ne soit pas un partenaire d'affaires, mais plutôt l'exécutant d'un système. Je me demande même si c'est un humain ou un ordinateur qui a pris la décision de m'offrir une marge de crédit avec garantie à 100 %. Je comprends qu'une banque ne puisse prêter à tous sans s'assurer d'être remboursée : c'est logique. Le problème est que tout lancement d'entreprise, par définition, représente un risque et que, quand on se présente devant un banquier pour une marge de crédit ou un prêt, c'est parce qu'on a besoin de cet argent… Si, dans le temps, j'avais eu ces fameux 15 000 $, je ne serais jamais allé voir la banque! Elle me demandait donc de garantir un montant que je n'avais pas! Une véritable discussion de sourds.

Ce que je suggère est de créer des prêts à 100 % de prise de risque par les banques. Attention, je ne parle pas ici de prendre des risques non réfléchis, des décisions les yeux bandés! Je parle de prendre un risque calculé avec de jeunes entrepreneurs qui ont bien souvent réussi à se rendre très loin sans rien. Les premières années d'une entreprise sont cruciales: il faut agir vite, prendre les bonnes décisions au bon moment et surtout la financer afin d'en soutenir la croissance. Pourquoi ne pas créer des programmes financés à même les profits annuels des banques, qui prêteraient de petits montants sans aucune garantie? En puisant dans les profits, le risque serait beaucoup moins «élevé» pour les dirigeants. Faire moins de profits (mais en faire tout de même…) est mieux que de ne pas en faire du tout! Voici un exemple:

Une des banques les mieux implantées au Québec a réalisé des profits de plus de 1,5 milliard de dollars en 2014. Imaginons un instant que cette banque prête sans aucune garantie 15 000 $ à 100 jeunes entrepreneurs triés sur le volet. (Comme j'ai personnellement vécu cette situation, je peux vous dire que 15 000 $, c'est énorme quand on lance une entreprise!) Ces prêts représenteraient 1,5 million de dollars au total. Imaginons maintenant un scénario catastrophique dans lequel chacun des 100 entrepreneurs est incapable de rembourser son prêt, ce qui est presque impossible. Cette perte représenterait 0,1 % des profits annuels de la banque... Imaginons encore que sept ou huit banques emboîtent le pas. Rapidement, on se retrouverait annuellement avec 700 ou 800 entrepreneurs qui profiteraient de cette aide inestimable dans l'un des moments les plus difficiles de l'entrepreneuriat, soit le financement de départ.

Ne peut-on pas prendre ce risque calculé? Ne peut-on pas aider les jeunes entrepreneurs à devenir les grands entrepreneurs de demain? Je vous l'avoue franchement: certains ne pourront pas rembourser leur prêt, certaines années seront pires que d'autres. Mais l'entrepreneur qui réussira grâce à ce prêt sera reconnaissant tout au long de son parcours dans le monde des affaires. Et qui sait? Peut-être qu'à lui seul, il permettra à sa banque de faire des millions de profits supplémentaires dans quelques années!

Les banques ne peuvent plus rester des acteurs silencieux et passifs dans l'univers des jeunes entreprises; elles doivent devenir des partenaires actifs de développement. Je ne parle aucunement de donner de l'argent ou d'accepter n'importe quel projet. Chaque banque pourra définir ses critères de sélection. Ce que je suggère, c'est de ne pas demander l'impossible à un jeune entrepreneur. J'applaudis haut et fort les dons aux universités, les commandites de festivals, les publicités inspirantes. Ce sont toutes des actions qui rendent notre société meilleure. Mais je reste convaincu qu'il manque une aide directe aux jeunes entrepreneurs et, croyez-moi, cette aide passe directement par cette prise de risque calculé. J'encourage donc les banques à se réinventer, pas juste par la rénovation de leurs succursales ou par de superbes publicités, mais par la mise en place de ce programme et par une aide directe et concrète aux jeunes entrepreneurs du Québec.

L'ENTREPRENEURIAT ET LE QUÉBEC INC.

Depuis mes débuts en entrepreneuriat, j'aime m'inspirer des hommes et femmes d'affaires à la tête des fleurons de Québec inc. Transcontinental, CGI, le Cirque du Soleil, Bombardier, Dollarama, Couche-Tard, ALDO, Dynamite… ce sont toutes des entreprises d'ici qui font briller le Québec à travers le monde. On entend souvent parler de l'importance des entreprises, qui sont créatrices de richesse, d'emplois, mais ce qui me saute aux yeux, c'est qu'elles sont avant tout créatrices de fierté. Quand je suis en Asie et que je prends un train fait par Bombardier ou quand je vois un spectacle du Cirque du Soleil en Australie, le premier sentiment que je ressens est la fierté.

J'ai la chance, aujourd'hui, d'être entouré d'hommes et de femmes d'affaires accomplis. Toutes ces personnes ont cependant plus que le succès en commun ; elles ont une responsabilité. Pour emprunter une analogie sportive, tout joueur vétéran doit prendre le rôle de mentor envers les recrues et les plus jeunes joueurs. En restauration, tout chef doit s'assurer que la relève puisse un jour voler de ses propres ailes. Comme pour les exemples mentionnés plus haut, les grands dirigeants d'aujourd'hui ont la responsabilité de s'assurer que la relève réussisse aussi bien qu'eux… et même plus.

Quand je jouais au basket, rien ne me permettait de m'améliorer autant que de jouer avec les meilleurs. Lors de certains tournois aux États-Unis, nous affrontions des équipes ridiculement meilleures que nous, et nos défaites étaient douloureuses.

C'est pourtant dans ces moments que nous nous améliorions le plus. C'est en analysant les meilleurs qu'on devient meilleur. En affaires, c'est pareil à quelques détails près. C'est en s'entourant d'hommes et de femmes d'affaires de grande qualité qui ont vécu des expériences et situations particulières qu'on devient meilleur.

Un des moyens les plus efficaces de s'améliorer, c'est d'être dans l'action, au centre des décisions importantes. Je suggère donc aux grandes entreprises de Québec inc. de créer un poste non officiel dans leur conseil d'administration. Je comprends l'importance des discussions tenues lors de ces réunions, l'importance de choisir soigneusement chaque membre du conseil afin d'avoir autour de la table les personnes les plus qualifiées. Je reste néanmoins convaincu que donner la chance à un jeune entrepreneur de prendre part aux discussions et à de véritables réunions serait une manière incroyable d'aider les futurs grands dirigeants à devenir meilleurs. Certains jeunes entrepreneurs sont obligés de se composer un conseil d'administration sans jamais avoir participé à une seule réunion dans leur vie.

Je crois sincèrement que cette possibilité serait un atout pas seulement pour les jeunes entrepreneurs, mais aussi pour les entreprises elles-mêmes. La majorité des compagnies du Québec inc. d'aujourd'hui n'ont aucun, ou presque aucun, représentant de la génération Y dans leur haute direction ou leur conseil d'administration. Un jeune entrepreneur partageant sa vision des nouvelles tendances de consommation peut pourtant amener un vent de fraîcheur. Par curiosité, j'ai consulté quelques listes de membres de différents conseils d'administration. Une liste en particulier a retenu mon attention, celle d'une très grande entreprise du Québec faisant des affaires dans le monde entier et dont le conseil d'administration est composé d'une quinzaine de membres tous âgés de plus de 62 ans... Pas une seule personne dans la trentaine, dans la quarantaine ou même dans la cinquantaine. C'est tout simplement incroyable! Je ne prétends pas que les personnes dans la soixantaine doivent toutes prendre leur retraite ni que tous les jeunes dans la trentaine doivent être nommés présidents de conseils d'administration, mais je pense qu'il est temps de bâtir un pont entre le nouveau et l'ancien Québec inc., un pont qui, j'en suis certain, bénéficiera aux deux.

L'ENTREPRENEURIAT ET LES GOUVERNEMENTS

Une chose est certaine: les gouvernements de tous les niveaux, autant municipaux, provinciaux que fédéraux, ont entre leurs mains le pouvoir de changer les choses. Un pouvoir octroyé par la société afin de diriger et de prendre les meilleures décisions possible pour tous.

Le mot «entrepreneuriat» est à la mode. Plusieurs politiciens parlent d'entrepreneuriat en promettant des actions concrètes: un plan triennal, une aide directe, et j'en passe. Depuis une quinzaine d'années, de plus en plus de jeunes se lancent en affaires afin de vivre une vie différente de celle de leurs parents, une vie où ils sont au centre des décisions et où ils peuvent suivre leurs propres valeurs et champs d'intérêt. De plus en plus se lancent dans les nouvelles technologies, qui évoluent à grande vitesse. On remarque pourtant que les gouvernements sont souvent en retard par rapport aux nouvelles entreprises et aux nouvelles tendances, et ils sont bien souvent critiqués pour leur inaction. Quelques exemples m'apparaissent immédiatement, comme l'absence de lois réglementant certaines industries telles que celles du taxi avec l'arrivée d'Uber ou de l'hôtellerie avec l'arrivée d'Airbnb, qui obligent le gouvernement à réagir face à la pression des chauffeurs de taxi et des hôteliers. Plus proche de moi, je pense aux lois complètement désuètes en matière de distillation, qui nous interdisent de faire visiter notre distillerie ou déguster nos produits sur place, et même de les vendre chez nous, et ce, malgré l'explosion planétaire de la microdistillation... Chacun des problèmes de ces exemples pourrait être réglé efficacement et rapidement.

On peut voir l'importance qu'un gouvernement accorde à un sujet par le nom qu'il donne à ses ministères. Il y a des incontournables : l'environnement, la santé, l'économie, les relations internationales... Pourtant, jamais, au Québec, un ministre n'a entièrement été dédié à l'entrepreneuriat, et c'est déplorable. L'entrepreneuriat a toujours été relégué en deuxième ou troisième place dans le nom d'un ministère. Il est maintenant temps qu'il y ait un ministre de l'entrepreneuriat, et non un ministre délégué, comme c'est le cas en ce moment.

Comme je l'ai dit précédemment, les entreprises sont non seulement des créatrices d'emplois et des actrices importantes du développement régional, mais aussi des créatrices de richesse et de fierté. Elles sont au centre du développement économique d'une ville, d'une province ou d'un pays, et il est grand temps que les efforts déployés par les multiples intervenants de la société civile soient soutenus par un ministère de l'Entrepreneuriat, qui chapeauterait le développement, l'aide au financement, la promotion et tout ce qui peut venir en aide aux entrepreneurs qui, de leur côté, prennent l'immense risque de se lancer en affaires et qui, la plupart du temps, enrichissent notre société.

Adopter un entrepreneur. Comme bien d'autres avant moi, j'ai dû travailler pendant des années afin de financer mon rêve. À force de patience, de persévérance et avec ma tête de cochon, comme le diraient certains ! Je ne voulais pas que le financement m'empêche d'atteindre mes rêves. Parce que je travaillais à temps plein, le développement de mon entreprise a pris plus de temps que je l'aurais souhaité. Je n'avais pas le choix : je finançais tout seul, et ensuite avec mon partenaire Christopher. Je devais absolument attendre chaque paye pour avancer, et c'était parfois éternel. Je suis convaincu que, si j'avais reçu un minimum d'aide financière, j'aurais pu accomplir bien des étapes beaucoup plus rapidement. Me concentrer sur mon plan d'affaires sans crainte de ne pas pouvoir payer mon loyer ou mon compte d'Hydro-Québec m'aurait grandement facilité les choses et m'aurait permis d'atteindre plus rapidement mon objectif de vendre ma première bouteille !

Voici ce que je propose : un partenariat public-privé pour adopter des entrepreneurs. Nous voulons tous une société prospère, une société fière, une société meilleure. En adoptant un entrepreneur, on lui offrirait la chance de travailler à temps plein à son idée ou à son entreprise afin de l'aider à atteindre l'indépendance financière et à voler de ses propres ailes. Il ferait ensuite profiter la province entière des retombées qu'il créerait grâce à son entreprise. Imaginez l'octroi d'un revenu minimum de 12 mois pour qu'un jeune entrepreneur développe son idée rapidement, sans contraintes financières.

Pourquoi ne pas sélectionner une dizaine de jeunes entrepreneurs par région et leur offrir la chance de recevoir ce salaire de 12 mois? Ça leur éviterait de laver les planchers dans un hôpital ou de travailler de nuit dans un dépanneur dans le but de survivre jusqu'au prochain chèque de paye. Imaginez un partenariat entre de grandes entreprises privées et le gouvernement qui aiderait de jeunes entrepreneurs à accélérer leur processus de développement et leur offrirait une chance de plus de réussir. Dans mon cas, recevoir 2 000 $ par mois pendant un an aurait tout changé. Ce montant n'est pourtant pas excessif; un revenu de 24 000 $ par année est tout juste au-dessus du salaire minimum. Ce que je propose est simple: les entreprises voulant participer au programme adopteraient le nombre de jeunes entrepreneurs qu'elles souhaitent aider en leur payant ce salaire pendant un an. En contrepartie, le gouvernement accorderait un crédit d'impôt à ces entreprises pour ce «don» et n'imposerait pas les jeunes entrepreneurs pendant qu'ils travailleraient à temps plein à leur projet.

L'entrepreneuriat est un art. Il existe bien des subventions pour les jeunes cinéastes, les jeunes metteurs en scène, les jeunes artistes, et j'en passe. Pourquoi ne pas aider aussi les jeunes entrepreneurs? Je le dis souvent: l'entrepreneur, même s'il ne chante pas, ne danse pas, ne sculpte pas, crée, mais différemment. Il crée une entreprise sur une feuille blanche, comme on écrit une pièce de théâtre, il imagine un produit avant qu'il ne voie le jour, comme on imagine une scène avant de la filmer.

Pourquoi, alors, n'existe-t-il pas de subventions pour les entre-preneurs? Pourquoi doivent-ils tout financer par eux-mêmes? Bien sûr, comme pour toutes les idées lancées dans ce livre, tout est question de préparation. Il faudrait imposer des limites, des règles, des critères afin de s'assurer que ce programme soit utilisé au maximum de son potentiel et qu'il aide directement les jeunes entrepreneurs à accélérer leur progression.

Offrir une banque d'heures. Comme je l'ai dit auparavant, l'une des étapes les plus importantes – et malheureusement les plus onéreuses – lorsqu'on se lance en affaires est de bâtir une struc-ture d'entreprise solide, notamment en matière de besoins professionnels (juridiques, comptables, etc.) ou de service-conseil. On connaît tous un ami avocat ou comptable qui peut nous donner de précieux conseils, voire nous offrir un coup de main pour tout démarrer. Cependant, si on veut fonder une entreprise avec une base solide qui nous permettra de nous concentrer sur sa croissance, et surtout de la faciliter, il faut rapidement confier ce type de besoins à des professionnels de renom possédant avant tout une bonne expérience dans leur domaine.

Malheureusement, ces besoins coûtent cher et, quand on se lance dans les affaires, chaque sou est important, chaque dépense est calculée à la virgule près. Il peut alors être enrageant de dépenser pour une structure invisible qui ne rapporte pas immédiatement, bien qu'elle soit primordiale pour le futur. Quant à moi, j'étais content d'acheter des bouteilles, des bouchons, de faire un site Web puisque je voyais des résultats concrets... mais dépenser pour des rapports comptables mensuels, une structure juridique irréprochable ou le rapport d'une firme de service-conseil ne me faisait pas aussi plaisir !

Ce que je propose aux compagnies offrant ces services, c'est de créer des banques d'heures de service-conseil pour les jeunes entrepreneurs. Qu'il s'agisse de cabinets d'avocats, de firmes comptables ou d'entreprises spécialisées en service-conseil, ils pourraient consacrer bénévolement quelques heures à l'aide à ces jeunes entrepreneurs. Contrairement à un fournisseur de bouteilles ou de bouchons, par exemple, ces compagnies jouissent d'un avantage : elles ne vendent pas un produit pour la conception duquel elles ont dû débourser, mais plutôt des savoirs, des connaissances, de la matière grise. Que représenterait une centaine d'heures de conseils par année pour ces entreprises ? Que du temps.

Pour ma part, une dizaine d'heures de service-conseil gratuit m'auraient grandement facilité la tâche au début de mon aventure ; elles m'auraient surtout permis d'investir là où le rendement du capital investi aurait été plus immédiat. L'objectif de cette banque d'heures serait d'accélérer le développement et la mise en marché du produit afin que l'entrepreneur dispose plus rapidement de revenus, lui permettant ainsi de payer pour ces services futurs. Accélérer la mise en marché du produit donne plus de chances à l'entreprise de réussir en évitant à l'entrepreneur d'épuiser ses ressources financières avant même la première vente.

Souvent, il ne suffit que de quelques heures pour bien diriger ou conseiller l'entrepreneur. Symboliques en matière de «revenus perdus» pour la plupart des grandes firmes, ces quelques heures données peuvent s'avérer primordiales, voire cruciales pour certains jeunes entrepreneurs.

Derrière toutes les idées que j'ai lancées ici se trouve le souhait de faciliter le démarrage d'entreprises, d'accélérer la mise en marché des produits des jeunes entrepreneurs. On dit souvent qu'on n'a qu'une seule chance de faire une bonne première impression ; je pense également qu'on n'a qu'une seule chance de réussir son lancement, de commencer du bon pied ! Dans un monde aussi concurrentiel, on ne peut pas promouvoir l'entrepreneuriat d'un côté et, de l'autre, ne rien faire, ou presque, pour aider ceux qui décident de se lancer. Je suis convaincu que tous ensemble, nous pourrons trouver des idées, des solutions, de nouvelles manières de faire qui permettront aux jeunes entrepreneurs d'avoir une chance de plus de réussir. Les quelques points que j'ai proposés ne sont qu'un début. Je vous invite tous à continuer le travail et à partager vos propres idées qui permettront aux jeunes entrepreneurs de devenir les grands leaders de demain.

PARTIE

LEVONS
NOTRE
VERRE !

COCKTAILS

PUR Vodka a d'abord été créée pour s'apprécier sans artifice ; la déguster sur glace permet d'en saisir toutes les subtilités. Toutefois, lorsqu'on la sert en cocktail, elle ajoute de l'éclat aux saveurs qui l'accompagnent.

Notre programme de cocktails est chapeauté par notre ambassadeur de marque, Stéphane Rochefort, qui imagine et crée des cocktails qui mettent en valeur les saisons et donnent aux ingrédients d'ici et d'ailleurs la liberté de s'exprimer dans un verre.

....

QUELQUES RECETTES DE COCKTAILS

Verre à whisky
(lowball)

Glaçons

Shaker

Passoire
à cocktail

Couteau

Cuillère
à cocktail

Bleuet
été (juillet à septembre)

INGRÉDIENTS

- 60 ml (2 oz) de PUR Vodka
- 45 ml (1 ½ oz) de jus de bleuet frais
- 30 ml (1 oz) de jus de litchi frais
- 7,5 ml (¼ oz) de jus de citron frais
- Fleurs de lavande

PRÉPARATION

- Verser la vodka, le jus de bleuet, le jus de litchi et le jus de citron dans un shaker.
- Secouer vivement avec de la glace.
- Verser à travers une passoire à cocktail dans un verre à whisky (*lowball*) rempli de glace.
- Mettre une pincée de fleurs de lavande sur le dessus.
- Mélanger légèrement avec une longue cuillère.

Verre à whisky
(lowball)

Glaçons

Shaker

Économe

*Passoire
à cocktail*

*Cuillère
à cocktail*

Canneberge
automne (octobre à novembre)

INGRÉDIENTS

- 60 ml (2 oz) de PUR Vodka
- 30 ml (2 c. à soupe) de purée
  de canneberge fraîche
- 30 ml (1 oz) de jus de grenade frais
- 15 ml (½ oz) de jus de lime frais
- Une large bande de zeste d'orange

PRÉPARATION

- Verser tous les ingrédients dans un shaker.
- Secouer vivement avec de la glace.
- Verser à travers une passoire à cocktail
  dans un verre à whisky (*lowball*)
  rempli de glace.
- Mélanger légèrement avec
  une longue cuillère.

Verre à whisky
(lowball)

Glaçons

Shaker

Pilon

Râpe fine

Couteau

Passoire
à cocktail

Cerise

été (juin à août)

INGRÉDIENTS

- 60 ml (2 oz) de PUR Vodka
- 60 ml (2 oz) de jus de cerise frais
- 1 branche d'estragon frais
- 7,5 ml (¼ oz) de jus de lime frais
- 7,5 ml (¼ oz) de sirop d'érable
- Fève tonka et poivre long râpés (au goût)

PRÉPARATION

- Déposer la branche d'estragon frais
  dans un shaker.
- Verser le jus de lime et piler
  le tout vigoureusement.
- Ajouter la vodka, le jus de cerise
  et le sirop d'érable.
- Secouer vivement avec de la glace.
- Verser à travers une passoire à cocktail
  dans un verre à whisky (*lowball*) rempli
  de glace.
- Râper légèrement du poivre long
  ou une fève tonka sur le dessus.

Verre à whisky
(lowball)

Glaçons

Shaker

Pilon

Couteau

Passoire
à cocktail

Cuillère
à cocktail

Endive

automne et hiver (novembre à mars)

INGRÉDIENTS

- 60 ml (2 oz) de PUR Vodka
- 60 ml (2 oz) de jus de pamplemousse rose frais
- 4 endives de taille moyenne, coupées en morceaux
- 15 ml (½ oz) de sirop d'érable
- 4 gouttes de vinaigre de riesling

PRÉPARATION

- Déposer les endives dans un shaker.
- Verser le sirop d'érable et le vinaigre de riesling et piler le tout vigoureusement.
- Ajouter la vodka et le jus de pamplemousse rose.
- Secouer vivement avec de la glace.
- Verser à travers une passoire à cocktail dans un verre à whisky (*lowball*) rempli de glace.
- Mélanger légèrement avec une longue cuillère.

Verre à whisky
(lowball)

Glaçons

Shaker

Pilon

*Passoire
à cocktail*

*Cuillère
à cocktail*

Fenouil
été et automne (mai à novembre)

INGRÉDIENTS

- 60 ml (2 oz) de PUR Vodka
- 45 ml (1 ½ oz) de jus d'orange frais
- 30 ml (1 oz) de jus de fenouil frais
- 1 branche d'estragon frais

PRÉPARATION

- Déposer la branche d'estragon frais dans un shaker.
- Verser le jus de fenouil et piler le tout vigoureusement.
- Ajouter la vodka et le jus d'orange.
- Secouer vivement avec de la glace.
- Verser à travers une passoire à cocktail dans un verre à whisky (*lowball*) rempli de glace.
- Mélanger légèrement avec une longue cuillère.

Verre à whisky
(lowball)

Glaçons

Shaker

Pilon

Passoire
à cocktail

Cuillère
à cocktail

Figue

été et automne (août à octobre)

INGRÉDIENTS

- 60 ml (2 oz) de PUR Vodka
- 1 figue fraîche
- 15 ml (½ oz) de sirop d'érable
- ¼ de gousse de vanille (pulpe)
- 60 ml (2 c. à soupe) de purée
  de canneberge fraîche
- 1 trait de vinaigre balsamique à la figue

PRÉPARATION

- Déposer la figue fraîche, le sirop d'érable
  et le vinaigre balsamique dans un shaker.
- Piler vigoureusement.
- Ajouter la vodka et la purée de canneberge.
- Secouer vivement avec de la glace.
- Verser à travers une passoire à cocktail
  dans un verre à whisky (*lowball*)
  rempli de glace.
- Mélanger légèrement avec
  une longue cuillère.

Verre à whisky
(lowball)

Glaçons

Shaker

Pilon

*Passoire
à cocktail*

*Cuillère
à cocktail*

Fraise-basilic

été (juin à septembre)

INGRÉDIENTS

- 60 ml (2 oz) de PUR Vodka
- 60 ml (2 oz) de jus de fraise frais
- 3 feuilles de basilic
- 15 ml (½ oz) de jus de lime frais
- 1 trait de sirop de canne
- 1 trait de réduction de vinaigre balsamique

PRÉPARATION

- Déposer les feuilles de basilic, le jus de lime et le sirop de canne dans un shaker.
- Piler vigoureusement.
- Ajouter la vodka, le jus de fraise et la réduction de vinaigre balsamique.
- Secouer vivement avec de la glace.
- Verser à travers une passoire à cocktail dans un verre à whisky (*lowball*) rempli de glace.
- Mélanger légèrement avec une longue cuillère.

Verre à whisky
(lowball)

Glaçons

Shaker

Pilon

*Passoire
à cocktail*

Framboise
été (mai à août)

INGRÉDIENTS

- 60 ml (2 oz) de PUR Vodka
- 250 ml (1 tasse) de framboises
- 1 pincée de poivre rose
- 15 ml (½ oz) de sirop d'érable

PRÉPARATION

- Déposer les framboises et le sirop d'érable
  dans un shaker.
- Piler vigoureusement.
- Ajouter la vodka.
- Secouer vivement avec de la glace.
- Verser à travers une passoire à cocktail
  dans un verre à whisky (*lowball*)
  rempli de glace.
- Mettre la pincée de poivre rose
  sur le dessus.

Verre à whisky
(lowball)

Glaçons

Shaker

Économe

Passoire
à cocktail

Cuillère
à cocktail

Grenade

automne et hiver (octobre à février)

INGRÉDIENTS

- 60 ml (2 oz) de PUR Vodka
- 60 ml (2 oz) de jus de grenade frais
- 15 ml (½ oz) de jus de lime frais
- Une large bande de zeste de lime
- Une large bande de zeste
  de pamplemousse
- Une large bande de zeste de citron

PRÉPARATION

- Verser tous les ingrédients dans un shaker.
- Secouer vivement avec de la glace.
- Verser à travers une passoire à cocktail
  dans un verre à whisky (*lowball*)
  rempli de glace.
- Mélanger légèrement avec
  une longue cuillère.

Verre à whisky
(lowball)

Glaçons

Économe

Shaker

Pilon

*Passoire
à cocktail*

Lavande
été et automne (août à octobre)

INGRÉDIENTS

- 60 ml (2 oz) de PUR Vodka
- 3 mûres fraîches
- 60 ml (2 oz) de jus de raisin frais
- Une large bande de zeste de citron
- 3 gouttes d'amer à la lavande
- Fleurs de lavande

PRÉPARATION

- Déposer les mûres dans un shaker.
- Piler vigoureusement.
- Ajouter la vodka, le jus de raisin
  et les gouttes d'amer.
- Secouer vivement avec de la glace.
- Verser à travers une passoire à cocktail
  dans un verre à whisky (*lowball*)
  rempli de glace.
- Mettre une pincée de fleurs de lavande
  et le zeste de citron sur le dessus.

Verre à whisky
(lowball)

Glaçons

Shaker

Passoire
à cocktail

Couteau

Cuillère
à cocktail

Mangue
été (mai à juillet)

INGRÉDIENTS

- 60 ml (2 oz) de PUR Vodka
- 60 ml (2 oz) de jus de mangue frais
- 1 bouquet de coriandre fraîche
- 7,5 ml (¼ oz) de sirop d'érable
- 7,5 ml (¼ oz) de jus de lime frais
- 1 piment oiseau entier

PRÉPARATION

- Avec le dos d'un couteau de chef, écraser légèrement, à plat, le piment oiseau.
- Déposer la coriandre, le jus de lime et le sirop d'érable dans un shaker.
- Piler vigoureusement.
- Ajouter la vodka, le jus de mangue et le piment.
- Secouer vivement avec de la glace.
- Verser à travers une passoire à cocktail dans un verre à whisky (*lowball*) rempli de glace.
- Mélanger légèrement avec une longue cuillère.

Verre à whisky
(lowball)

Glaçons

Couteau

Shaker

Pilon

*Passoire
à cocktail*

Poire asiatique
automne (septembre à novembre)

INGRÉDIENTS

- 60 ml (2 oz) de PUR Vodka
- 1 poire asiatique
- 7,5 ml (¼ oz) de jus de citron frais
- ½ gousse de vanille (pulpe)

PRÉPARATION

- Couper la poire en morceaux.
- Déposer les morceaux dans un shaker.
- Piler vigoureusement.
- Ajouter la vodka, le jus de citron
  et la demi-gousse de vanille.
- Secouer vivement avec de la glace.
- Verser à travers une passoire à cocktail
  dans un verre à whisky (*lowball*)
  rempli de glace.

Verre à whisky
(lowball)

Glaçons

Shaker

Couteau

Passoire
à cocktail

Pomme verte

automne et hiver (octobre à avril)

INGRÉDIENTS

- 60 ml (2 oz) de PUR Vodka
- 60 ml (2 oz) de jus de pomme verte frais
- 7,5 ml (¼ oz) de jus de citron frais
- ¼ de gousse de vanille (pulpe)
- 5 ml (1 c. à thé) de miel déshydraté

PRÉPARATION

- Verser la vodka, le jus de pomme verte, le jus de citron, la pulpe de vanille et le miel déshydraté dans un shaker.
- Secouer vivement avec de la glace.
- Verser à travers une passoire à cocktail dans un verre à whisky (*lowball*) rempli de glace.

Verre à gin
(highball)

*Glace
concassée*

Pilon

Couteau

*Cuillère
à cocktail*

Purito
selon les fruits choisis

INGRÉDIENTS

- 60 ml (2 oz) de PUR Vodka
- 60 ml (2 oz) de sirop de canne
- 2 quartiers de citron
- 4 feuilles de basilic
- 3 ou 4 morceaux du fruit de votre choix
  (melon d'eau, orange sanguine, fraises,
  bleuets, mûres)

PRÉPARATION

- Déposer les quartiers de citron, le fruit
  choisi et les feuilles de basilic dans
  un verre à gin (*highball*) et y verser le sirop
  de canne.
- Piler légèrement.
- Remplir de glace concassée.
- Verser la vodka.
- Mélanger légèrement avec
  une longue cuillère.

Citron

Raisin
Bleu de
l'Ontario

Romarin

Verre à whisky
(lowball)

Glaçons

Shaker

*Passoire
à cocktail*

Raisin bleu

automne (septembre à novembre)

INGRÉDIENTS

- 60 ml (2 oz) de PUR Vodka
- 60 ml (2 oz) de jus de raisin
  bleu d'Ontario frais
- 1 trait de jus de citron frais
- 1 branche de romarin

PRÉPARATION

- Mettre la vodka, le jus de raisin,
  le jus de citron et la branche de romarin
  dans un shaker.
- Secouer vivement avec de la glace.
- Verser à travers une passoire à cocktail
  dans un verre à whisky (*lowball*)
  rempli de glace.

CONCLUSION

Écrire ce livre a été pour moi une expérience exceptionnelle. Elle m'a permis de voir mon parcours de façon détachée, un peu comme pour celui d'un inconnu. Fouiller dans mes souvenirs, pourtant pas si lointains, a renforcé ma passion pour mon entreprise et l'entrepreneuriat.

Je vous avais promis de vous amener dans les coulisses de l'entrepreneuriat, de vous montrer un côté du monde des affaires qu'on voit très rarement, le côté moins « vedette », plus vrai. Tout au long de ces pages, j'ai essayé de me rappeler le maximum de détails, le maximum de moments qui auraient pu totalement changer mon parcours si je n'avais pas pris telle ou telle décision, si je n'avais pas rencontré telle ou telle personne. Je voulais vous amener dans ma tête à chacun de ces moments pour que vous viviez exactement ce que j'ai vécu. Je désirais partager avec vous mes joies et mes peines.

Je ne suis pas du genre à m'ouvrir facilement. Je protège ma vie privée le plus possible. À travers ces pages, j'ai essayé de vous raconter mon histoire sans la rendre trop personnelle, en gardant en tête qu'elle aurait pu être l'histoire de tout autre jeune entrepreneur. L'important, pour moi, était qu'on comprenne la réalité derrière toute nouvelle entreprise et qu'on voie d'un œil neuf ce que représente être un jeune entrepreneur.

Pendant les quelques mois qu'a duré l'écriture de ce livre, j'ai vécu des instants qui changeront ma vie à jamais. Du côté professionnel, nous avons terminé plusieurs projets sur lesquels nous travaillions depuis des mois, voire des années, notamment en ce qui concerne notre croissance et le développement d'un nouveau produit, en vente sous peu ! Du côté personnel, en plus de ressentir le sentiment du devoir accompli en mettant un point final à ce livre, je le termine en me considérant comme l'homme le plus riche et le plus heureux du monde puisque je tiens sur moi – littéralement, au moment même où j'écris ! – ce que j'ai de plus précieux, une toute petite fille de 29 jours, ma petite Victoria.

Pour conclure, si vous voulez faire ne serait-ce qu'une seule chose pour aider les jeunes entrepreneurs, c'est simple : partagez leur histoire et achetez leurs produits, un geste à la fois si petit et si grand ! Une chose est sûre : plus la société aidera au développement de l'entrepreneuriat, plus elle sera fière de ses entrepreneurs et plus elle sera riche et prospère.

Nicolas

REMERCIEMENTS

Je tiens absolument à remercier tous ceux qui, de près ou de loin, m'ont permis de devenir qui je suis et ont rendu possibles PUR Vodka et mes autres projets. La liste est trop longue pour que je les nomme tous, mais voici ma garde rapprochée !

Karolyne, ma femme, à qui je dois tout, tout, tout… et même plus ;

Victoria, ma fille, qui donne une raison à tout ce que je fais ;

Magali, ma sœur, qui me soutient sans condition et est toujours là pour moi ;

Maman, la meilleure de toutes !

Papa, un exemple de persévérance, d'intelligence et de réussite ;

Danielle et *Gaétan*, mes beaux-parents, qui croient si fort en moi et m'ont confié Karolyne ;

Anne Marcotte, mon amie, qui me permet de « voir grand » ;

Christopher, mon partenaire, qui me soutient si bien et me permet d'être moi-même ;

Hillel et *Morris*, mes partenaires, qui ont cru en PUR Vodka quand personne n'y croyait ;

Nannette et *Philippe de Gaspé Beaubien III*, mes partenaires, qui m'ont fait découvrir un monde où tout est possible ;

Stéphane, notre ambassadeur de marque, qui fait un travail exceptionnel et nous apporte un soutien des plus appréciés ;

Christina, notre graphiste, qui met sur papier mes idées de fou et rêve avec moi!

Eva Ringuette, Marc Laberge et *Transcontinental,* mes éditeurs, qui ont rendu ce livre possible;

Finalement, merci à tous les jeunes entrepreneurs qui, comme moi, rêvent de changer le monde à force de persévérance et de folie!